介護保険時代、
市民はどこまで
主役になれるか

参加型福祉社会を拓く

「参加型福祉社会を拓く」出版プロジェクト編著
●生活クラブ生協
●コミュニティクラブ生協
●福祉クラブ生協
●神奈川ネットワーク運動
●神奈川ワーカーズ・コレクティブ連合会

参加型福祉社会を拓く
目次

はじめに

超高齢・少子社会がすぐ足元まで来ています。多くの生活者・市民が老後の不安に駆られるのは、工業文明をリードした産業化社会に固有の現象です。人びとが貯蓄に務め、保険に加入し、家族の介護に期待して少しでも不安をなだめようとする生活パターンは、日本の男性優位社会の特異な傾向と言えるでしょう。その特徴は、家事・介護など無償の労働（アンペイドワーク）を社会的に評価されないままでいる女性の立場、高齢者の寝たきりを促し老老介護を仕方ないものとする現実、施設整備や在宅福祉の立ち遅れを気づかせないようにしてきた、お仕着せの福祉政策によります。しかしバブルが崩壊したいま、貯蓄や保険では不安が解消されず、家族だけで高齢者を介護するのは無理なことに人びとは気づき始めてきています。

私たちの「参加型福祉」システムをつくる運動と事業は、日本社会の構造変化を背景に、三〇年にわたる生活クラブ運動の展開と重ね合わせた中から、都市のコミュニティに根ざした新たな福祉システムとして構想され、道を拓きつつあります。その試行錯誤のより直接的な契機は、超高齢・少子社会がもたらす近未来への不安であり、二〇一〇〜二五年の間を、介護される当事者として生き抜かなければならない、生活クラブ運動の担い手たちの参加と責任のあり方を問い続ける生き方にありました。

「参加型福祉」システムをつくるというオルターナティブは、女性・生活者・市民、そしてアマチュアである主体者たちが個人資源（いくばくかの資金、知恵、労働、時間）を拠出して、リスクを負担し合うというワーカーズ・コレクティブをつくり、たすけあい・支えあう「非営利・協同」

の市民事業を一五年にわたって実践してきたところから発しています。自分たちの生活技術・文化を活かした、もう一つの福祉事業＝「参加型福祉」の実践は、いま多様な成果を示すと同時に、各地で新しい福祉のサービス供給主体として社会化の芽をはらんで発展しています。

一方、周知のように二〇〇〇年四月には、措置制度からの転換と在宅福祉重視をうたった、公的介護保険がスタートします。本書の目的は、介護保険制度＝社会的公正が実現しようとするかに見える「公・共」のサービス供給システムを、生活者・市民の福祉サービスの実践や運動によって検証すること。さらに、今日までの福祉システムがつくってきた「公的税金・行政請負・ほどこし」の枠組みに対し、その対極にあって家庭内家族介護や「社会的入院」を放置せざるを得ない立ち遅れの実態との狭間を、「参加型福祉」システムによって切り拓き、「中負担・高福祉」社会の実現の可能性を提起することにあります。同時にそれは、政治や社会の改革をあきらめ、福祉サービスを買い取ろうとすることに懸命な人びとへのメッセージでもあるのです。

☆

「参加型福祉」に取り組む神奈川県下の在宅福祉非営利市民事業活動主体＝ワーカーズ・コレクティブ（ホームヘルプ、配食サービス、移送サービス、デイサービスセンター、特別養護老人ホーム、在宅介護支援センター等々の業務を担う）は、九八年三月現在、約五〇団体・三〇〇〇人余が活動をしています。とりわけ家事・介護ワーカーズが実施してきた全体のサービス時間数は、毎年一二〇～三〇〇%の伸長率で、約三五万時間に達しています。うち半数以上が公的福祉関連部門などからの依頼や紹介によるものです。

アマチュアである女性・生活者の生活技術・文化を駆使した福祉サービスが、なぜ年率二〇～三〇％も伸長してきているのでしょうか。本書では第一部で、現場における「参加型福祉」の実際をレポートし、第二部では、「参加型福祉」に取り組んできた生活クラブ運動グループの紹介、「参加型福祉」事業の核であるワーカーズ・コレクティブ論、それに「参加型福祉」が目標とする公的福祉以外の領域を示す「コミュニティ・オプティマム福祉」（たすけあいによる地域福祉の最適基準を意味する造語）を論ずることによって、この問いに答えることにしました。ここではとくに次の二点について簡単に触れておきます。

第一は、提供される福祉サービスの質についてです。公的福祉ではナショナル・ミニマム、シビル・ミニマムの基準によってサービスの内容が規定されており、またシルバー産業においては効率が重視され、いずれも内容の画一化が避けられません。その点、「参加型福祉」では、サービスの受け手、家族のニーズ、その場に応じて生産されたサービス価の直接的交換とともに、きめ細かな対応が地域と密着していることにより実現が可能となっています。

第二は、利用者が負担する費用と、それが利用者にもたらす効果の問題です。公的な福祉政策をまかなうには、徴税コストから国、県、市町村にわたる多様で複雑な政治、行政活動に関わる費用などが必要で、それらを合算すると、必要なサービスを受けようとする人の手に渡るときには総費用の三〇～四〇％の価値に目減りしてしまうと想定されます。これに対し「参加型福祉」では、利用者の負担した費用の大部分を提供者が受け取り、いずれ提供者は利用者として還元されることでムダのない、仮決済ともいえるコミュニティ価格での交換が可能なことです。

☆

介護保険制度の実施に向けた動きは、ここにきて保険者と被保険者の関係がクローズアップされつつあり、急激に進展しています。「生活クラブ運動グループ福祉協議会」では、介護保険制度の限界性を指摘しながら「参加型福祉」を実践してきましたが、この制度への参加を否定するものではありません。地域で「参加型福祉」のサービスを受けている利用者のなかには、公的介護保険との関係を不安がる人たちが多々います。福祉協議会では、介護保険制度を自らの運動と事業の一部として担い、利用者の選択に応えて地域福祉の向上に寄与するため、サービス提供事業者としての準備を進めています。しかし、基本はあくまでも公的福祉領域外の生活支援サービスの充実をはかる「コミュニティ・オプティマム福祉」の実現にあります。

思いやり、たすけあい、支え合い、生活と文化の持続を支援し、地域のノーマライゼーションのレベルを引き上げ、公的福祉とも連携して進める「参加型福祉」をめざす非営利・協同の事業は、私たちがこれから立ち向かう超高齢・少子社会の福祉ニーズに対処し得、その一部を応分に担う市民の実践的な方途であると考えます。

私たちの到達点や、そこからの提言が多くの人びとの検討と評価にさらされ、建設的な御批判が寄せられることを期待いたします。

「参加型福祉社会を拓く」出版プロジェクト

第一部

福祉のまちを歩く

アマチュアがはじめた福祉事業

二つの街の風景
神奈川県大和市／川崎市麻生区

やさしい〝おもい〟が結ぶわが街
神奈川県大和市

「ある時、ご夫婦二人で暮らしていらっしゃる高齢の方から『誰かに家事を少し手伝ってもらえたら、助かるのだけれど……』という声や、一人暮らしのおじいちゃんから『毎日、鳴らない電話を見ているんだよ、社会とのつながりがほしいなぁ』という声を聞かされたりしたことが、この活動を始めることになったひとつのきっかけでしたね」。

こう語るのは、ワーカーズ・コレクティブ「想」代表の伊藤康子さんだ。八七年に伊藤さんは、生活クラブが中心となって進める神奈川ネットワーク運動に参加し、市民の力で自分たちの声を議会に反映させる代理人を大和市議会に送り出した。この選挙運動中、「安心して暮らせる街に」とのレポートを全戸に配布したところ予想以上の反響を得た。そこで伊藤さんは、これからの高齢化社会にむけ、「この街で暮らしている自分たちが助け合っていかれるようなことが、何かできないだろうか」、こう思って実際に地域でたすけあえるものを自分たち住民の手でつくろうと、数人の仲間たちに語りかけ、準備を始めた。それは、八八年二月のことで、当時は厚生省のゴールドプラ

特定非営利活動法人設立総会に参加する「想」のメンバーたち

ンも発表されておらず、各自治体の保健福祉計画も話題になっていないころであった。

それからまもなく二〇代から七〇代まで素人ばかり三一人が集まって、一〇月に家事介護サービスをするワーカーズ・コレクティブとして活動をすることになった（九九年三月末現在一九五人）。仲間たちとさまざまな〝おもい〟を結んでいこうと、名前を「想」とした。「だれも他人の家で福祉サービスなどをした経験のない、本当にたどたどしい三一人での出発でした。みんなが向こう岸で手を振っている中を、筏で乗り出していく、そんな気分でした」。

発足早々から「こんな会ができるのを待っていました」と、あちらこちらから依頼の電話が入って、たちまち人手が足りなくなり、やり繰り算段の毎日になった。五〇歳代の女性から「私は難病で寝たきりです。だれかの手を借りないと生きていられない。助けてください」という電話がかかってきたり、「あるところに頼んだら食事をいくら、トイレの介助はいくら、

「想」家事介護ワーカーズ・コレクティブ

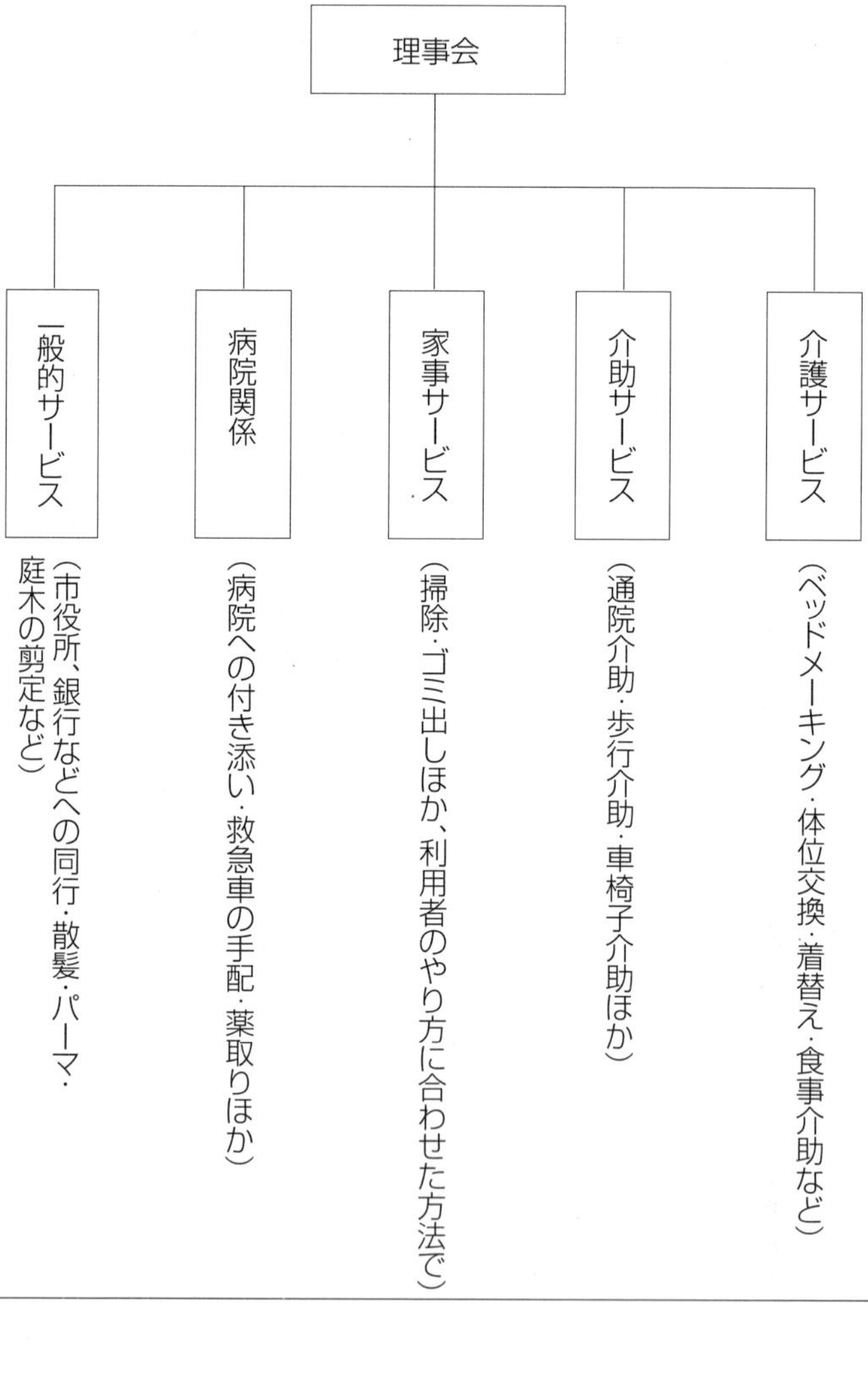

身体を拭いたらいくらと、細かく値段を言われ、もっと人間らしく扱ってもらえないの、と心の中で叫んで断りました」と訴える六〇歳代の女性もいた。

こうした話が次々と飛び込んでくる中で、「私たちは利用者が大切にしていることを一緒に守りたいと、いつも心に止めてその方の生活のお手伝いをしてきました。この間、たとえそれがどんなに難しいケースであっても、援助が必要だと感じたら、お断りをしたことは一度もありません」。伊藤さんは何の気負いも衒《てら》いもなく穏やかに語る。その言葉の一つひとつにこれまでの活動に裏打ちされた自信が感じられた。しかし、始めた頃には「人の役に立つのだ」との構えや気負いが見られたという。それも、さまざまなケースの援助を経験する中で、「自分たちは、たまたま人を支えることのできる側にいるだけなのだ」と気がつくと、肩の力も抜けて、ごく自然に普通に相手の暮らしに添った援助の大切さを身につけることができた、と伊藤さんは振り返る。

「想」は介助をするうえで「サービスを必要として受ける側の立場にたったサービス」の提供を大切にしている。福祉事業の関係者の間では、よく耳にする言葉でもある。しかし、実際にはどの程度なされているかは疑問だ。活動一年目頃から福祉の実状が見えてきた「想」のメンバーたちは、今まで固定化されてきた制度上の制約や慣行と対比し、自分たちにとって必要なサービスを模索するようになった。そしてサービスを提供する側の都合に合わせた制約はできるだけ少なくし、柔軟に対応することで、サービスを受ける人が人生を歩んできた中で大事にしてきたものを、引き続き大切にした援助をできるように心がけてきた。そうした理念にもとづく活動に、メンバーも納得しているのである。

地域できめ細やかなサービス

「想」は、大和市を四つの地域に分けて活動をしている。四つの地域とは「つきみ野地区」（つきみ野、中央林間、下鶴間）、「南林間地区」（南林間、西鶴間、鶴間・林間、上草柳七・八・九、桜森）、「中央地区」（中央、深見・深見台、上草柳、大和東・南）、「福田地区」（福田、柳橋・代官、上和田、下和田、渋谷）である。活動するコーディネーターやワーカーはそれぞれ担当する地域に住んでいるため、地域の事情に精通でき、利用者の状況や変化を掴みやすく、緊急の場合でもきめ細かな対応を可能としている。一般にどこの組織でも仲間を募集する活動をしているが、「想」のメンバーのほとんどは自主的な参加で増えているという。

そのメンバーと多種多様な援助の依頼を調整し、結んでいくのがコーディネーターである。四つの地区に一二人のコーディネーターがいて、それぞれ自分の住む地区を担当している。拠点となる事務所を持たない活動は、とくに運営に関わる者同士の情報の共有化に苦労するものだが、「想」では電話、ファックスを活用し、連絡を密にとりながら日々の活動に対応している。また、それぞれの地域ごとに企画され、実施している研修会や懇親会、サービス内容の検討会などは、ワーカー間の理解や信頼関係を深める場ともなっている。「想」では四地域に分けたことを〝ゆるやかな分割〟とよんでいるが、時と場合によっては地域を越えて連携する場合もあり、コーディネーター間の情報の共有化や共育の機会にもなる。こうした「想」の活動は、大和市で提供されているホームヘルプサービス全体の三分の一にも及ぶ。

「想」のメンバーが、大和市で行っている主な福祉サービスについて紹介してみよう。

介護講習（料理編）を開催してメンバーの技術と知識を磨く

①介護サービス＝ベッドメーキング、体位交換、着替え、マッサージ、トイレ介助、食事介助、おむつ交換、清拭、洗髪、足洗、入浴介助、シャワー浴介助、洗面介助、リハビリ介助、車椅子への移動、人工肛門排泄物の処理、じょく瘡の手当、皮膚疾患の軟膏処理、点滴の管理、尿器介助、痰の吸引、経管栄養の介助、訪問医療の介助、寝たきりの方・痴呆の方の話し相手

②介助サービス＝通院介助（歩いて、車椅子で、タクシーで、ハンディキャップで）、歩行介助（散歩、リハビリ）、車椅子介助、特別養護老人ホームへの通所介助（入浴サービス）

③家事サービス＝掃除（屋内・屋外、ゴミ出し、冷蔵庫・食器棚）

④病院関係＝救急車の手配・病院への付き添い、入退院の手続き、薬取り、予約、ハンディキャップでの送迎付き添い、入院中の介助

⑤一般的サービス＝税金・家賃などの振込、生活費引き出し、年金の記帳、市役所・銀行などへの同行、本・新聞を読む、電話をかける

⑥その他＝散髪、パーマ、資料の整理、庭木の剪定、棚などの日曜大工、ペットの世話、墓参り付き添い、障害者・高齢者の遠出の付き添い、留守番、など。

こうした「想」の活動を大和市はどのように見ているのだろうか。市の福祉総務課長のKさんは、「『想』さんにかける期待は非常に大きいですよ。『想』の総会には毎年出席して最初から最後まで話を聞かせてもらっています。働くことによって自分自身も教えられているというワーカーズ・コレクティブのみなさんのお話から、みなさん自身が喜びを感じていることが大変よくわかります。そうした『想』の活動によって市民もまた喜んでいると思います」と話す。また、「想」はかなり重介護の人のケアも行っているが、そうした人たちの不安に対して「家にいるのだから大丈夫よ。もし、危険なら病院のお医者さんが退院させないはずよ」と、気持ちを和らげるように語りかけている様子に、Kさんはなるほどと思ったとも。

その柔軟性、即応性、機動力、人間的なつながりを大切にして利用者の精神的なケアまでサポートする「想」の活動に、Kさんは、「かならずこれからも伸びていくだろう」と予測する。公的介護保険の導入にあたって大和市は「想」と契約をすることを考えているが、これは今後、「想」と相談する予定とのことだ。

南林間地区コーディネーターSさんの一日

「想」の四つの地区のうち、南林間地区は、三二人のワーカーがいて三人のコーディネーターで地区の運営を担当している。その一人のコーディネーターのSさんの一日を追ってみた。

朝七時五〇分　事務所担当（転送電話）から電話。Mさんの妻の施設入所が決まったのでその準備のため、いつもより一時間早く九時に来てほしいとの連絡が入ったとのこと。

八時　時間変更についてMさん担当のワーカーに連絡し、ＯＫの返事を得る。八時五分、Ｆさんの妻が今朝緊急入院したので、今までの週二日・午前に加え、月曜日～金曜日の一五時～一七時に来てほしいとの連絡が入る。Ｆさん担当ワーカー二人に事情を説明し、調整がつく。

八時四五分　脳梗塞の後遺症があるＦさんが一人で家に残っているので、一〇時にはいつものワーカーが行くことを連絡すると、Ｆさんはほっとした様子。

八時五〇分　別の家に行っているワーカーが、チケットの代金をもって来がてら、利用者の様子を話して帰る。九時、Ｋさん担当のワーカーよりＫさんのチケットを取りに来るとの電話。留守になるのでポストに入れておくことにする。

九時五分　他の二人の地区コーディネーターにＦさんの事情とワーカーとの調整状況を簡単に説明。詳細は夜に連絡することにする。

九時二〇分　Ｔさんの通院介助に出かける。一二時四〇分、Ｔさんの自宅に着き、ワーカーと交代する。一五時、Ｔさんのケア終了。

一七時帰宅　留守番電話にＦさんのチケットの件、Ｋさんの明日の予定に対してキャンセル等々が入っている。一七時四〇分、代表に今日の報告を入れる。

一八時　Ｋさんの明日のキャンセルに対する連絡を担当ワーカーにする。一八時三〇分、Ｔさんのお嫁さんから諸々相談の電話が入る。

一九時一〇分　Ｙさん担当のワーカーから来週都合が悪くなったと連絡が入り、Ｙさん宅へ行ける人の調整をする。三人目でＯＫとなる。

一九時四〇分　今日から始まったＵさんのケアに入ったワーカー二人に様子を聞く。

二〇時四〇分　Uさんの母親から明日以降の連絡とお礼の電話が入る（いろいろ話して長くなる）。
二一時二〇分　Uさん担当のワーカーに連絡事項を伝える。
二一時四〇分　他の二人の地区担当コーディネーターに報告、情報交換をする。
二二時二〇分　代表に今日の報告と明日の予定、その他を連絡する。
二三時　来週のローテーション表作り、今日の入金整理、その他をする。
今日もまた、バラエティにとんだ一日が終わる……。（九七年一〇月某日）

地域ぐるみで重度難病のAさんの在宅暮らしを支援

「想」は先に記したように、利用者の生活の必要性に合わせてゴミ出しから医療的な処置、手当て、楽しみのための外出介助まで、ありとあらゆる生活援助に柔軟に対応している。同時に、社会福祉協議会（社協）や病院、保健所、高齢者施設などとの緊密な連携もとりつつ進めている。

Aさん　五〇歳代後半の女性　神経系疾患による難病を抱えている。生活の状況　一人暮らし、すぐ近くに妹さんが住んでいるが、仕事をもっている。病状の進行が早く現在は寝たきりの状態（一級障害者）。言葉は不明瞭、嚥下《えんげ》力も弱いため、胃瘻《いろう》（胃に直接穴を開け、経管栄養摂取のための管を通す）を造設している。このような状況のなかで本人も妹さんも在宅での生活を望んでいる。

Aさんの援助は月、木、土曜日の朝八時三〇分から四時、火曜日の一〇時三〇分から一五時。それに社協のヘルパーが火、水、金曜日の八時三〇分から一〇時、一三時から一四時三〇分、一六時から一七時三〇分、ケアに入っている。

ケアの内容は体温、尿量記録、離床、洗面、更衣、朝食介助、経管水分摂取、日光浴、足浴など。

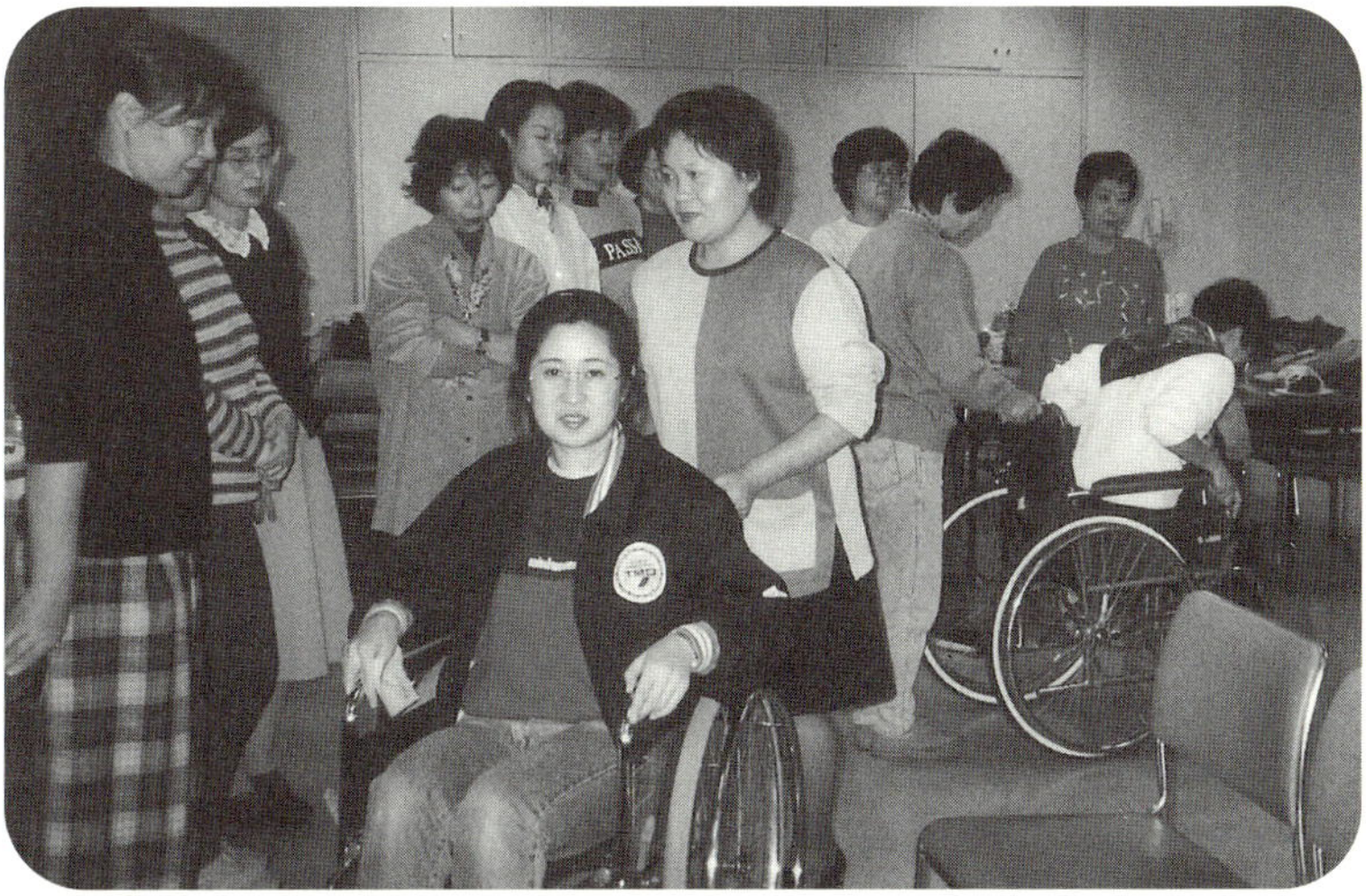

介護講習（介護技術編）。車椅子を押すにもコツが必要

胃瘻を造設しているが、食事については本人と家族の希望により口から固形物を摂っている。利用者の意思に添うため担当医師との研修を実施し、慎重に嚥下の状態を見ながら食事介助をしている。病院の訪問看護婦が週二回膀胱洗浄、排便コントロール、じょく瘡手当、また大和市の訪問看護婦が月三回入浴サービス時に訪れる。その他、言語療法士、作業療法士、歯医者、栄養士などの訪問がある。そして緊急時や何か問題があったときには担当医師のポケットベルに連絡することになっている。「想」はこの女性の介護にレギュラーとサポーターの二人が組んで対応している。そのうちサポーターには、「想」の運営費の中から研修手当を支出している。離床時にも二人で介助するほうが本人にとっても楽なこと、また二人で向き合っているより、本人を挟んで三人のほうが会話が弾むからだと、この地区を担当するコーディネーターの小林さんはその理由を説明する。さらに介護技術だけではなく、その場の雰囲気を感じてさり

気なく対応することや、ワーカー同士の信頼関係を深められ、お金に代えられない学び合いの場にもなっているとも話す。

医師、家族、公的ヘルパー、ワーカーズ・コレクティブなど関係者が集まる会議を何回か持ち、全体のまとめ役を保健婦が担うことによって、重度難病のAさんが望む在宅での暮らしを可能にしている。この全体会議のうち南林間地区では、Aさんのケアに関わっているメンバーで、ケースカンファレンスと称する集まりを持つ。先の全体会議では、Aさんの状況の変化に合わせて、関わっている団体に説明や確認が行なわれるためその説明会を受けて、今度は「想」のメンバーが状況の把握と確認をするのだ。初めて使う器具の説明や緊急時の対応なども話し合われたが、「想」のメンバーが一番気持ちをくだくのは、Aさんに少しでも在宅でいることの安らぎを感じてもらえたらということである。

「元気で明るく温かい『想』のパワーに、すっかり引き込まれてAさんも大笑いなさることもしばしばです。私たちのできることはわずかなことですが、難病とたたかっているAさんにとって一服の涼風になればと思っています。私も仲間の頼りがいのあるやさしさに、とても幸せな気持ちにさせてもらい、一人ひとりが細心の注意を払いながら、さりげなく楽しい雰囲気をつくりだしている様子に、いつも胸が熱くなります。こんなすてきな仲間と一緒に仕事ができることを何ものにも代えがたく、うれしく思っています」とコーディネーターの小林さんは語る。

配食サービスで高齢者の在宅生活を応援
川崎市麻生区

小田急線の百合が丘、新百合ヶ丘辺りに広がる麻生区の町には坂が多い。その中の一地区・東百合が丘三丁目の生活リハビリクラブ「麻生」では午後三時を過ぎる頃、ワーカーズ・コレクティブ「あい・あい」の軽ワゴン車が二台、夕食の配達に出発した。その一台に同乗させてもらうことにした。下が見えないほどの急な勾配と細い曲がりくねった道が続く。慣れているためかワゴン車の速度は速い。

夕食の配達を楽しみに待つお年寄り

その日の献立は魚の煮付け、里芋、にんじん、れんこんの煮物、いかとねぎの酢味噌和え、かきたま汁と炊き込みご飯、それに漬け物。配達するワーカーは、最初の配達先に到着すると一人分の夕食が入った保温容器を開けて中身を確認。お碗の汁物がこぼれていたらていねいに拭いて届ける。最初の配達先は、にこにこと届けられた食事に見いる高齢の男性のお宅だった。次の所では三人分の保温容器を小学生が受け取る。その次は留守の家で、あらかじめ決められた場所に置いてくる。

団地の二階に住むAさんは足が不自由になり、最近は玄関まで出てこられなくなった。声をかけて奥まで食事をもっていく。「ご飯の量がちょっと多いわ」「じゃ、今度から少なめにしますね」。こんなやりとりもある。麻生区の広い範囲を一軒あたりほとんどが一食から二食ずつの配達である。

「あい・あい」食事サービス・ワーカーズ

理事会

- 特別食
（季節の行事への食事・おせち料理・薬膳料理）
- ランチ事業
（近隣の学校、医院、福祉施設等に昼食の配達）
- 受託事業
（デイサービスセンター「生活リハビリクラブ・麻生」の食事ほか）
- コミュニティ配食サービス
（高齢者宅などへの食事の配達＝一般契約・川崎市生活支援型食事サービス）

新興住宅街の大きな家に日中ひとりで静かに過ごすお年寄りが多い。
「野菜のおかずが多いからいいわよ。自分の好みで選んで週一、二回注文して、あとはヘルパーさんが来たときに食事を作ってもらうの」。ある利用者のお年寄りはこう語っていた。配達を担当する不破悟子さんは食事を届けるわずかな時間を上手に使って利用者と会話をする。お年寄りの要望や様子を直接聞き取る大切な役割でもあるからだ。「私も今のうちは自分ができるサービスを選びながらワーカーとして働いて、将来は自分の好きなライフスタイルを保ち続けられる年寄りになりたいな」と、笑いながら話しを続けてくれた。

あるとき、マンションに住む八〇歳代の男性Nさんがいくら呼び鈴を鳴らしても出てこず、外から電話をしてみるが応答がない。もう一度戻って声をかけると、ようやく玄関が開いた。ベランダで洗濯物を取り込んでいたらしい。ほっとすると同時に歩き方のおぼつかないNさんが、もし転倒したり転げ落ちたりしたら大変なことになっていたと思い、「取り込むぐらい私がやりますからね」と声をかけた。「いつも食事を利用している人がキャンセルだったりすると、どうしたのだろうってとても気になるのよ」と、配達車を自在に動かしながら不破さんは話す。そうこうするうちに次の配達先に着いた。

雑然とした台所で、髪の毛は薄く真っ白だが、若々しいチェックのシャツを着た一人暮らしの男性が、「毎日の食事のおかげで3キロも太ったよ」と、にこにこする。「最初は味が薄く物足りない感じがしたけど、慣れてきたらおいしいよ。大根なら大根の味がする。味が濃いとみんな同じ味になるからね」。話す言葉から満足感がうかがえる。

冬の闇の訪れは早い。暗くなった庭で階段の下のほうを見ながら食事が届くのを待っていたお年寄りに「寒いのに大変だねー」と声をかけられた。首都圏に二年ぶりの大雪が降って、もう一〇日以上経つというのに、道の両側のあちこちには大きな雪の固まりが残っている。その大雪の日も「あい・あい」は、メンバーの車と人を総動員して、お年寄りに食事を運んだ。比較的大きな道から先は歩いて届けたそうだ。古い住宅密集地には急な坂や階段が多く、普段でもお年寄りは外出しにくい。まして雪などが降れば家に閉じ込められてしまう。こんなエピソードからも、毎日の食事の確保とともに、利用者の安否の確認を目的とした「あい・あい」の活動の意義は大きいことがよくわかる。

川崎市との委託契約で食事サービスも

麻生食事サービスワーカーズ・コレクティブ「あい・あい」は、月曜日から土曜日の毎日、一日平均八〇食の夕食を利用者に届けている。そのうち三〇食は〝独居老人および老人のみの世帯〟が対象で、「川崎市生活支援型食事サービス事業モデル実施事業者」として、川崎市との委託契約による食事（川崎市が一食利用者負担六〇〇円）である。また、すでに川崎市に食事サービスを申請し、適用されるのを待つ間、九五〇円を負担して「あい・あい」の食事サービスを利用している人もいる。その他は、日中独居のお年寄りや老夫婦を含めた一般向けの昼食を日に五〇～八〇食ほど作っている。また、近所の中学校や短大の入学式などには仕出し料理を、正月にはおせち料理も出前して喜ばれている。

「あい・あい」の活動の拠点となっている生活クラブ麻生生活館の一階には、一九九三年の生協法の改正に伴い、生活クラブ生協が川崎市からB型デイサービスセンターとして事業認可を受けた「生活リハビリクラブ麻生」がある。二階に「あい・あい」の厨房があり、デイサービスも厨房も

お年寄りに配食サービスのお弁当を届ける「あい・あい」のメンバー

ワーカーズ・コレクティブによって運営されている。

厨房は、「あい・あい」がメンバーの出資金（一人一二五万円）、借入金、債券募集などで資金を調達し改造したもので、生活クラブ生協と賃貸契約を結び、毎月家賃を払っている。配達のための軽ワゴン車二台もリース契約している。

「あい・あい」の川崎市生活支援型食事サービスモデル事業の受託は、川崎市の市民福祉団体一六団体（家事介護ワーカーズ・コレクティブ、生活クラブ生協、神奈川ネットワーク運動、地域団体等）が集まって九二年五月に発足した川崎市市民参加型福祉協議会（市参協）が川崎市に対し政策提案をしたことがきっかけとなっている。九三年五月、川崎市は高齢者保健福祉計画の策定市民協議会を発足させた。市参協代表が委員となってその協議会に参加し、市参協が策定した「市民福祉プラン」を提案した。その後、川崎市高齢者保健福祉計画では主要な在宅福祉サービスに、ホームヘルプ、ショートステイ、デイサービス、入浴サービスと並んで食事サービスも位置づけられた。そして、具体的な検討を行なう川崎市食事サービス事業検討委員会が発足し、市参協からも委員を送り出した。

これらの動きの中で、ワーカーズ・コレクティブという新しい働き方の多様な創出によって豊かな街づくりをめざす生活クラブ生協の組合員が中心となり、メンバー一六人で「あい・あい」が九四年一二月に発足したのだった。そして、このモデル事業の事業者に企業二社と「あい・あい」が選定され、九六年四月から事業を開始した。

「あい・あい」メンバーの宮下明子さんは、「器用な人、味付けのうまい人など、自然に役割分担ができてきたのよ。みんなが家族みたいでとっても楽しい。同じ目的に向かっている感じでね」と話す。

「あい・あい」は年に三回、生活クラブ麻生生活館などを使って配食サービスの利用者を対象に会食会を開いている。夏はそうめん、冬は鍋物など、配食のメニューではできないものをみんなで食べながら、食卓を囲んでにぎやかにおしゃべりをする。車の送迎つきなので、外出の機会のないお年寄りに大好評だ。普段は顔を合わせることのない厨房で食事作りをする「あい・あい」のメンバーにとっても、利用者と直接話をする絶好の機会にもなっている。

「春の花見の会食会では、近くのよみうりランドの大観覧車に乗って桜の花の中を抜けたの。ふわふわのピンクの雲に乗ったようで全員が大感激だったのよ」と、「あい・あい」代表の鮫島由喜子さんは顔をほころばせた。

（一九九七年一一月取材）

小さな施設の大きな望み

ケアセンター「あさひ」／神奈川県厚木市

「あさひ」は人びとが行き来する場でありたい

「デイサービスは、利用者にとって楽しく過ごす場であり、息き抜きの場なのですよ」と、高齢者のためのデイサービスを提供するケアセンター「あさひ」前施設長の今村信子さんは、活動内容を説明しながらこう言った。

日々の生活を送る老人ホームとは異なり、利用者のほとんどは週に一回だけやってくる人たちである。老人ホームは「入居」と言うように生活をする場だが、デイサービスセンターを訪れる人たちの生活は自宅にある。センターは、週に一、二度出かける場であり、「利用する」ところなのだ。だから、センターへ来る日はお年寄りにとって特別な日なのである。

「その特別な日をどう楽しんでもらうか。デイサービスセンターは利用者にとって気分転換の場と考えて、日常生活のメリハリとなるような工夫をしています」と、今村さんは言う。たった週に一回であっても、来る日を楽しみにして毎日を送り、当日は少し緊張してやってきて一日を楽しく過ごす。そして、翌日からはその楽しさを反すうする。自宅では一人暮らしなどで寂しい思いをしている人たちも、ここへ来れば一人ではない。それが実感としてわかればそれでいいと、今村さんは思う。

「あさひ」を利用する人たちは、どちらかといえば引込み思案だったり、見知らぬ人の中に入るのには消極的なタイプの人が多い。個性や積極性がある人は、おそらくいくつになってもどこかで活動しているであろう。だから「あさひ」では、今まで周りに気を遣い目立たないように暮してきた人たちが心身を開放し行動範囲を広げられるよう、一人ひとりに対応することで、利用者に心から楽しかったと思ってもらえることを心がけている。

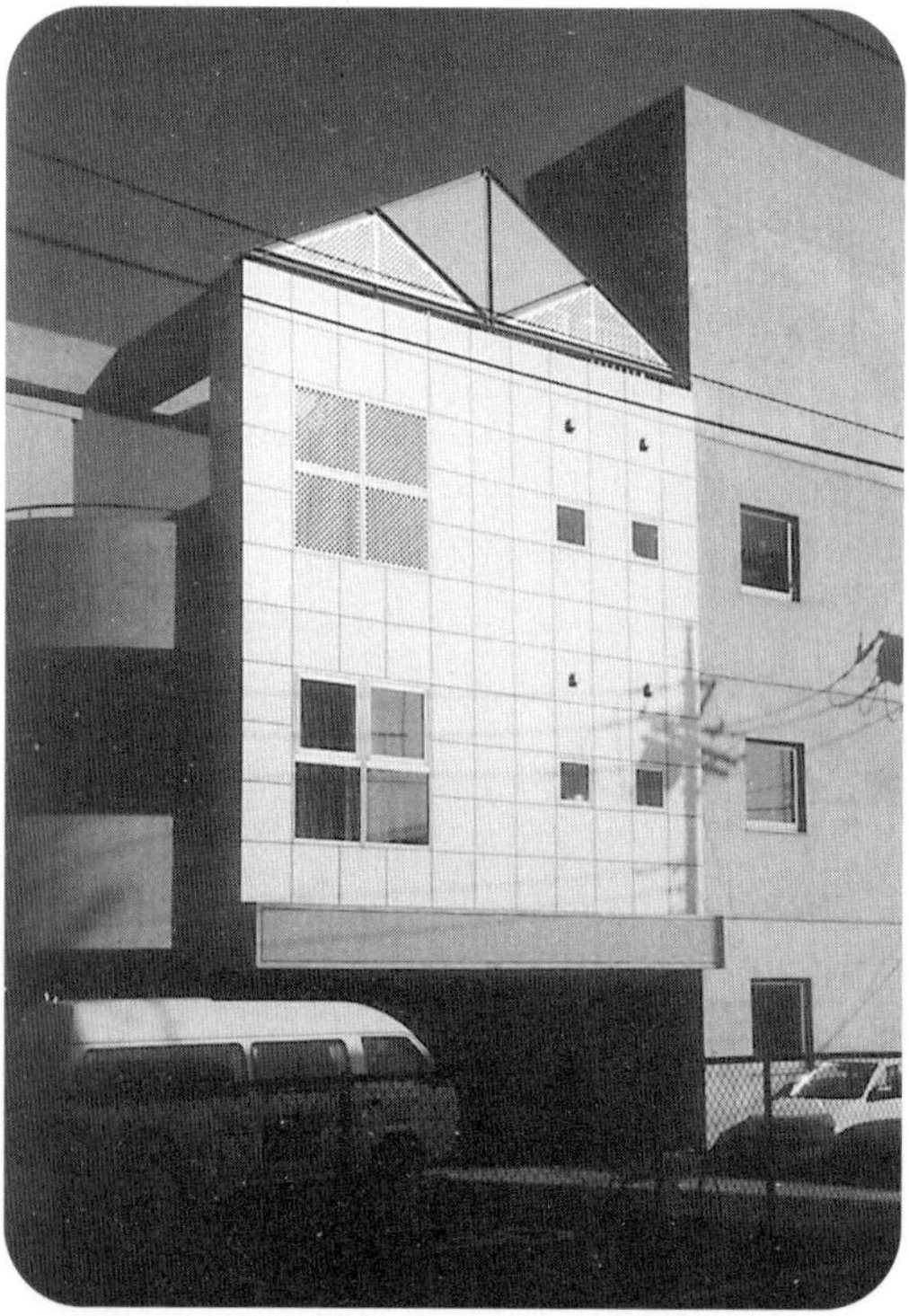

ケアセンター「あさひ」の外観

利用者の中には、もっと専門的なリハビリなどをやってほしいと熱心に言う人もいる。しかし、リハビリをするといってもスペースや設備、人手や専門技能の点で限りがある。それに、リハビリが目的なら専門の施設のほうが、それぞれの人の症状により合ったケアができるであろう。

施設のあり方についてはワーカーズ・コレクテ

ィブの会議などで何度も話し合い、「あさひ」は特別な場所ではなく気軽に「行ってみよう」と思ってもらえる所にしようと決め、スタッフを含めセンター全体がそのことをめざしている。たとえば、「あさひ」の利用者の中には、利用日以外にもふらっと来て花に水遣りをし、自分で決めた仕事をこなすと帰って行く人がいる。そんな気楽さが大事だという。

　また、地域の人も気軽に立ち寄れるような雰囲気を大切にし、さまざまな人が出たり入ったりする場所にしたいとの思いもある。そのためには、地域の人たちとの密接な関わりが必要だ。在宅介護とよく言われるが、その在宅をできるだけ可能にするためには、地域でボランティアを育てたり支援したりして、地域の人たちとともに歩むことが重要だ。

　だが、これまで地域の人にボランティアとして「あさひ」に入ってもらっていても、特別養護老人ホームとは違い、デイサービスセンター内での活動は少なく、話し相手になったりゲームをする程度である。したがってボランティアに熱心な人ほど、物足りなく感じるかも知れない。そこでボランティア希望者には、地域での活動を考えてもらうほうがいいのではないかと「あさひ」では考えた。むしろ、在宅だからこそ地域で必要な活動は多いはずだ、と。もちろん、「あさひ」を見学したりボランティアを経験してケアのノウハウを知ったうえでのことだが。

　たとえば、お年寄りの中には福祉制度の世話にはなりたくないと思っている人もいる。このような人は、デイサービスセンターを利用しないことが多く、孤立していないか心配だ。センターに相談に来てほしいと思うが、相談に出かけにくること自体がおっくうな人もいるだろう。そのような人も地域での気軽な集まりがあればそこで相談ができるし、「あさひ」との連携を密にしていれば「あさひ」のスタッフが対応することもできる。地域で、より多くのお年寄りを取りこんでいきたいし、孤立している人もしていない人も、地域のさまざまな人と人とを結びつけたい。そこで始め

「ケアセンターあさひ」デイサービスセンター・在宅介護支援センター

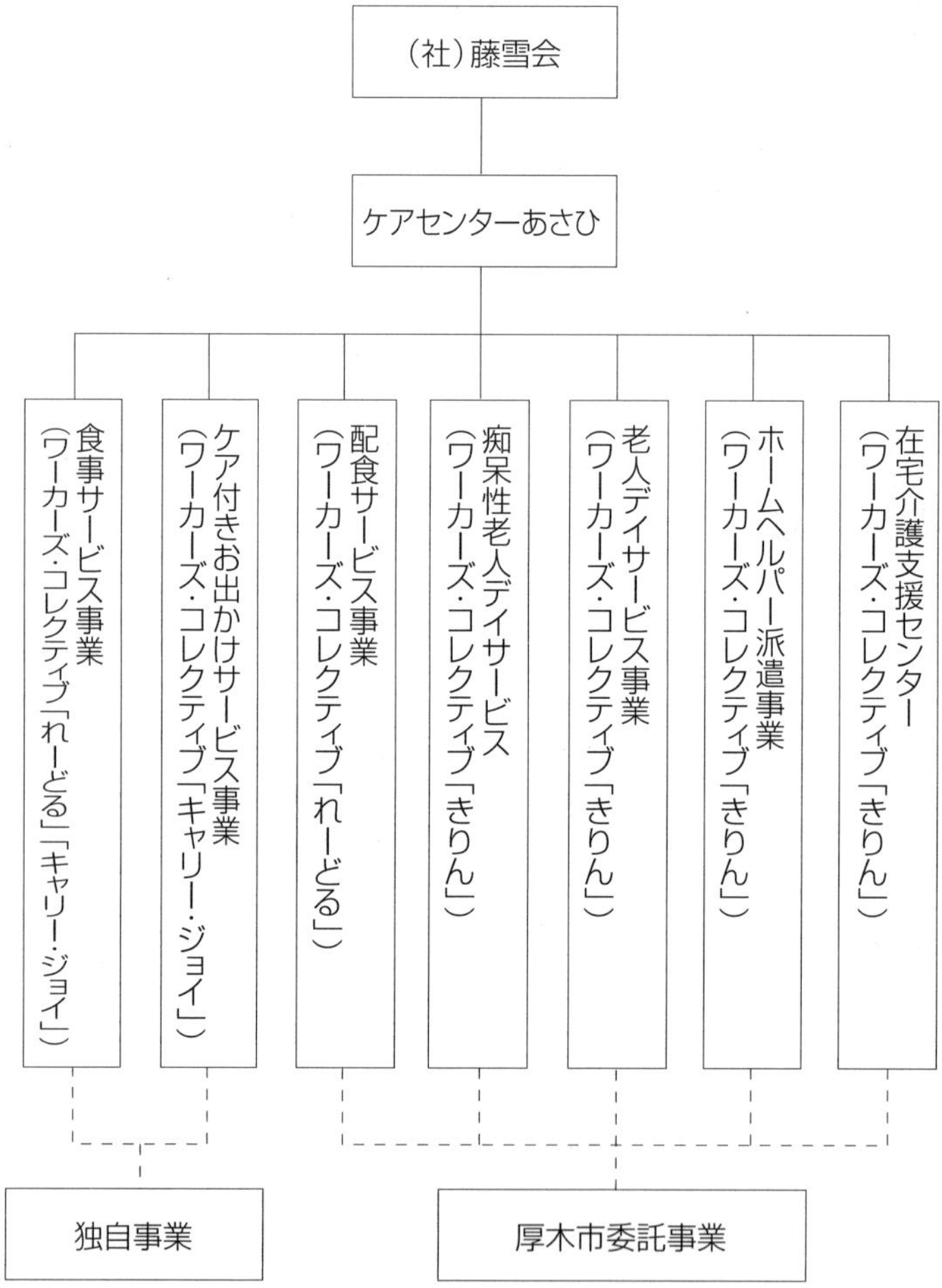

たのが、ミニ・デイサービスであった。

ミニ・デイサービスはまちづくり

「あさひ」でボランティア経験のある人たちが、その地域のお年寄りたちに声かけをし、公民館や児童館などを借りて一日を過ごす。ボランティアだけでは活動内容や流れなどに戸惑いがあるかもしれないし、活動のすべてを引き受けるのも難しいことが予想されたので、「あさひ」のスタッフがリーダーとして一人か二人加わった。「あさひ」を、そのボランティア活動における情報交換の場や拠点とすることで、このミニ・デイサービス活動は月に一回のペースで開かれている。

ミニ・デイサービスは、いわばまちづくりの活動でもある。自分たちが住みたいと思うまちは、お互いに声をかけあったり、ささやかなたすけあいが息づくまちだ。ミニ・デイサービスがいくつもネットワークされて根づくとき、都市社会にあってもたすけあいの人間関係をもう一度取り戻すことができる。さらに、ミニ・デイサービスが定着すれば、「あさひ」を拠点として地域の福祉を引き上げることも可能ではないかと、「あさひ」のスタッフたちは期待している。

ボランティアの人たちがミニ・デイサービスに参加することは、市の福祉の現状や制度の欠陥を知ることになる。また、市民が福祉政策やその実態に関心を持つことは、市の政策を変えていく力にもなる。「あさひ」では女性たちがケアワークを担うワーカーズ・コレクティブをいくつも生み出し、手探りで方法を編み出し、施設運営を担ってきたところに特徴がある。そこには参加と責任の増大が課題を解決するという理論と現実生活での感覚を持っていることが強みである。

そもそも「あさひ」は、働く女性の助けとなるような施設をつくってほしいというある女性から土地を寄付されたことに始まり、お年寄りの介護のために女性が仕事を断念しなくてもすむような施設を、との考えから構想されたものである。公的福祉がいう最低生活条件（シビル・ミニマム）の保障にとどまらず、たすけあい、支えあいによる生活最適条件（コミュニティ・オプティマム）づくりこそが、これからの地域福祉のあり方ではないだろうか。そのためには、生活者・市民の視点からの福祉のあり方を考えたり、地域の人びとが関わる「参加型福祉」をめざそうと、さまざまな観点から議論し、理念を煮詰めてきた。

「あさひ」の設立に向けて最初の活動を進めたのは生活クラブ生協や神奈川ネットワーク運動（ネット）のリーダーたちだが、提供された土地資産を受け入れ、デイサービス事業を進めるに当たって、社会福祉法人「藤雪会」を新しく組織し、厚木市の委託事業としてスタートした。施設の敷地面積は約四六〇㎡、三階建ての建物は延、七九七㎡の床面積がある。事業内容はデイサービス、配食サービス、ホームヘルパー派遣、それに在宅支援センター部門を設けている。在宅支援センターは二四時間態勢で相談事業をするほか、利用者に面接して利用内容を決めたり、地域に向けて介護教室の開催、広報活動、啓発の活動をしている。

厚木市の人口は約二〇万人で、福祉に関しては六つのエリアに分けられている（九七年現在）。一つのエリアの規模は四～五万人。これは公民館区二つを合わせた規模である。しかし、地域福祉の充実を願うなら、規模はより小さい方がいい。このような自分たちの「参加型福祉」の考え方や「あさひ」の実践から、市民のニーズを掘り起こして、市や県に働きかけていきたいと思っている。

そのひとつに配食サービスがほしいとの声を受けて、「あさひ」は独自に市へ働きかけて、市の単独事業として配食サービスの導入を実現させている。

生活者の視点に立った生活支援サービスを

九七年の暮れ、「あさひ」では試しに一二月二九日に入浴だけのサービスを実施してみたところ二九人の申し込みがあった。本来、年末年始は家族とともに過ごす時である。この時期は、普段働いている人たちも仕事を休める家庭が大半だろうから、家族との交流が持ちやすいはずだ。しかし、障害を持つ人を風呂に入れることは、家族にとっても慣れない大変な作業なのだろう。また、お年寄り自身が、久しぶりに会った家族に風呂に入れてもらうのを気がねすることもあるという。実際に、これだけのニーズがあることを、市に知ってもらわなくてはと、早速情報を提供する。

いまのお年寄りの多くは、人に要求することをあまりしない人が多い。遠慮をしたり、思いはあっても、口に出さず、つい呑み込んでしまう。そうした隠れているニーズを、どう引き出し把握するか。「利用者のそれぞれが求めているものに、私たちがどれだけ対応できるか、ですね」と今村さんは話す。

ところで当初はセンター三階の食堂を地域の人びとにも開放し、喫茶店にしたいと思っていたが、いまは痴呆の人たちを受け入れるスペースにしている。お年寄りは体だけでなく、精神的な面もだんだん衰えていく。痴呆になったからといって、また別の施設を勧めるのは忍びない。何より、その人にとって慣れたところが一番良い。痴呆ならなおのこと、がらっと環境を変えると症状が悪化する恐れがある。かといって、身体的に障害があっても精神面でしっかりした人と一緒では、双方とも落ち着かない。

「痴呆のお年寄りの受け入れは『参加型福祉』がどこまでやれるかの課題でもあります。まず、痴呆のお年寄りにどう対処したらいいのか学習しながらの毎日です。それからデイサービスにおける痴呆のお年寄りの位置づけが難しいですね」

と今村さんが言うのは、痴呆の人たちにとってどのような状態が幸せなのかを、いまのところ、掴みきれないでいるからだ。実際に体験しながらどんどん研究しなければ、と今村さんは言葉を続けた。

「家族にとっては、介護のために仕事を辞めなくてすむように、痴呆のお年寄りにとっては、ここが安心していられる日常生活の場になれるようにと思います」。こう語るのは、デイサービス、ホームヘルプなどに携わるケア・ワーカーズ「きりん」代表の畑武子（現・施設長）さんだ。

「あさひ」は、福祉に対してまったくの素人である主婦・女性たちが、自分たちの身につけている生活技術や文化の中に介護に活かせることがたくさんあることに気づき、ワーカーズ・コレクティブをつくった。それがケア・ワーカーズ「きりん」である。同時にそれは事業内容や方法を自分たちで決め、さらに自分たちが受けたい介護や生活を想像してはじめた生活支援サービス事業でもあった。意外だったのはスタッフを募集したとき、専門の仕事についている人が何人か興味を示して応募してくれたこと。しかし、福祉介護職の専門職者などを雇用するわけにはいかないから、ワーカーズ・コレクティブとして仕事をしてもらえるかどうか確かめて、参加してもらった。もちろん、介護経験のないスタッフはさまざまな研修に参加して実際を学び、一級ヘルパーや介護福祉士の資格を取得するなど、より専門性を高める努力を不断に実行し、試行錯誤を重ねながらよりよい介護と施設作りを追求してきた。

「きりん」はワーカーズ・コレクティブであるが、そのメンバーは「あさひ」のスタッフとして全員が「藤雪会」との個人契約を結んでいる。さらに送迎、食事の部門ごとにワーカーズ・コレクティブをつくり労働を自主管理するとともに運営に当たる。常勤者を中心にローテーションを組んでいるほか、ソーシャル・ワーカー、看護婦、ヘルパーにより、在宅介護支援センターも機能している。

地域でワガママに暮らせるために

暮れのある日、利用者たちは松や梅をあしらったお正月用の小さな壁飾りをつくっていた。「面白いこと書くでしょう?」と、あるスタッフは一人の女性利用者に声をかけられた。見ると「寅年は男らしい。寅年の男に会いたいです」と書かれていた。

どこの施設でも同じと思うが、利用者の中には、ユーモアのある人、活発な人、おとなしい人など、それぞれ個性に違いがみられる。そのうえ、高齢による障害がある人、車椅子の人、耳が遠い人、声が聞き取りにくい人、物忘れが激しい人とさまざまである。ここでは利用者の個性に合わせながら、何よりも身体の状態に気を配る。そのため朝の挨拶の時間には一人ひとりの健康チェックが欠かせない。

「きりん」のメンバーは、現在四六人。九~一〇人を一チームに、五つのチームを編成し、ヘルパー利用者への対応をしている。つまり、ケア・スタッフは同時に、ヘルパーとして家庭を訪問する機会が多いということだ。週一回のセンターでの生活や支援だけでは利用者を十分に把握できないし、センターでは少しよそ行きの顔をしているかもしれない。利用者の週の残り六日間の日常生活を少しでも知ることは、その人に必要なケアメニューを掌握するために欠かせない。それに、センターでの様子から家庭での助けに工夫がいると思える人もいる。このため「あさひ」での活動とホ

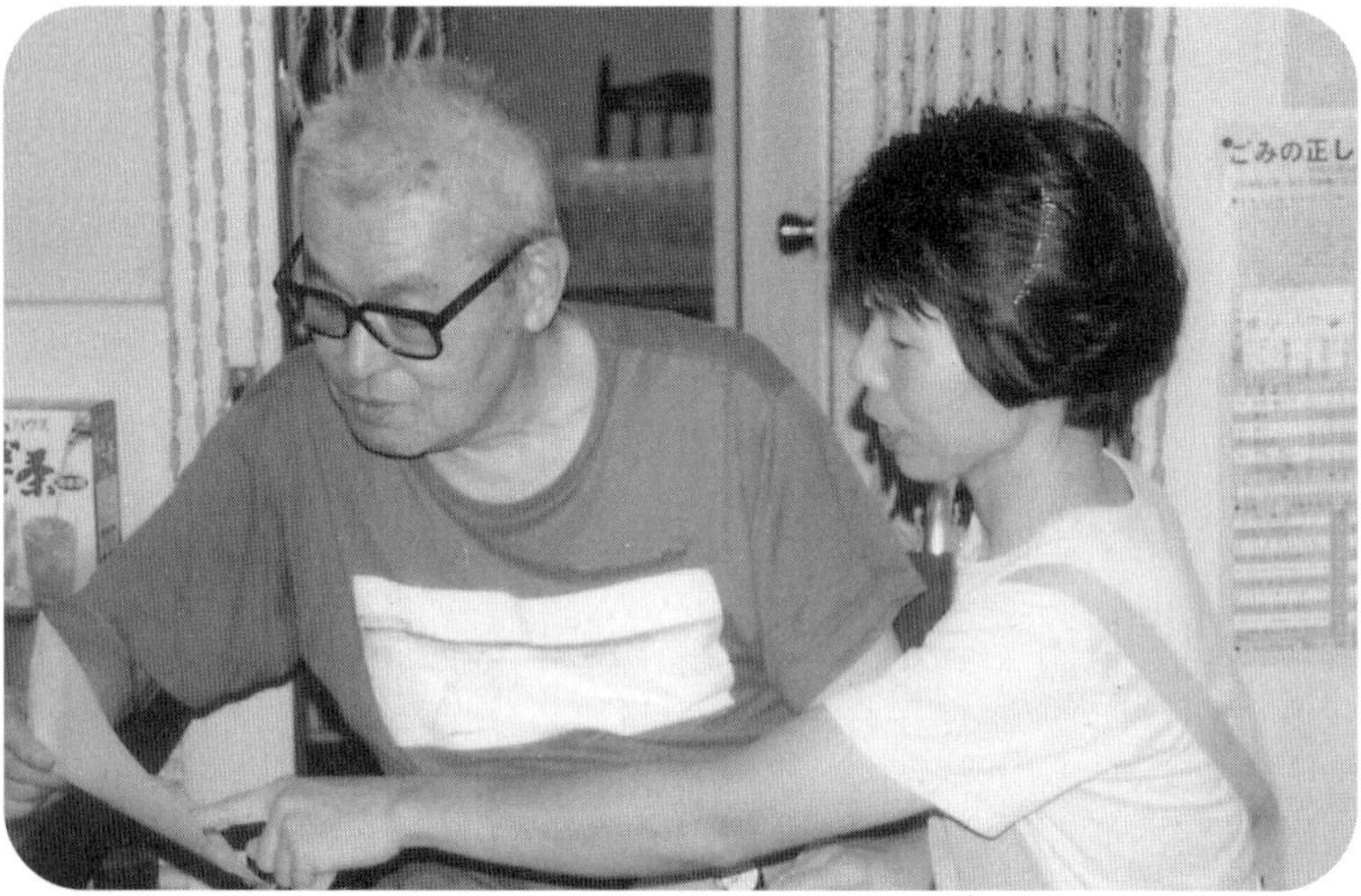

地域のお年寄りの自宅にホームヘルプに出かける「きりん」のメンバー

ームヘルパーとしてのサービスをなるべく切り離さないようスタッフをできるかぎり固定化し、「あさひ」でも自宅でも、同じ人が担当するようにしている。もちろん、「あさひ」の利用者以外の人にもヘルパーは派遣する。訪問先には他のセンター利用者もいるし、センターをまったく利用せず、ヘルパーだけを希望する人も多い。「きりん」は、それぞれのお年寄りの状況に柔軟に対応した援助活動を心がけている。

「家庭を訪問し生活全体を見て、必要な援助をすることから介護がスタートするのです。でも、時間が経つにつれ、援助の内容は変化していきますね。お年寄りなので身体の機能はだんだん衰えていきますから」と畑さんは言う。

「きりん」では、利用者の変化に応じて訪問する時間帯やサービス内容を変えることがよくある。たとえば自分で食事の支度ができた人ができなくなれば、食事準備のために訪問したり、食事がひとりでできなくなれば時間を延ばして介助をする。排泄が自分でできなくなったら排

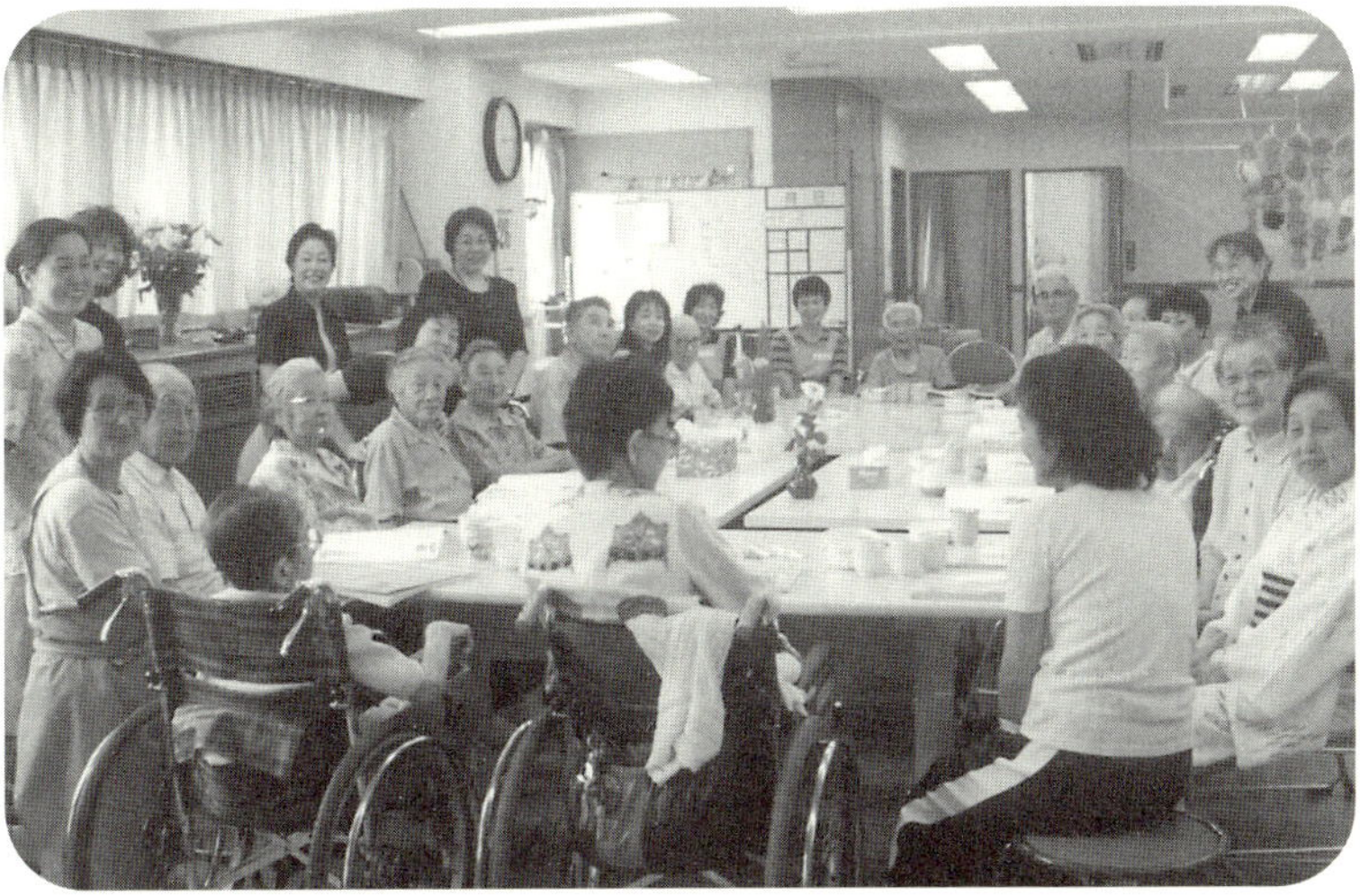

デイサービス風景。「気軽に立ち寄れる場所」をモットーに

泄の介助のため一日に何度か訪れる。また痴呆がはじまったばかりの人で、本人は毎日入浴しているつもりでも実際には入浴していなかったり、毎日同じ下着を平気で着ている人もいる。薬を飲み忘れていることもままある。

これらの状況に対する「きりん」の対応について畑さんは、「ヘルパーとして訪問したときは、ただ要請された仕事をするだけでなく、その人の生活全体が膨らんで豊かに暮らせるようにと思いつつ、工夫をしながら接するようにしています」

先にふれたミニ・デイサービスは、「きりん」の発案により「あさひ」から離れた地域で展開している関連事業である。この事業を進めるにあたってスタッフ間では、生きがいとは何かを話し合い、誰もが地域福祉を高め、社会貢献することができるはず、ということで意見が一致した。その生きがいを体現することの一つとして実行してきていることに、お年寄りを講師とした講習会がある。縫い物が得意な人は「浴衣教室」の講師に、手芸が得意な人には「手芸教室」の講師になってもらうのである。講師になったお年寄りからは、自分が役に立てたことへの喜びの声が寄せられ、同時に、地域の若い人からもお年寄りとのつながりができたと喜ばれる。「人と人との結びつき」が豊かになり、すでに地域社会での福祉ボランティアとして定着しつつある。

ところで「きりん」のメンバーは、すべての人が明確に福祉や介護に興味をもってワークに参加したのではないという。しかし最初の動機はどうあれ、初期からのスタッフが大半で四〇代が圧倒的に多い。彼女たちに共通する意識は「老いはいずれ必ず自分や家族の問題となる」ということだ。誰もが心のどこかに持っている潜在的な意識が、メンバーとして関わるほどに顕在化し、真剣に取り組んできている。

「きりん」では、いつも後継者として若い人たちに加わって欲しいと考えている。これまでに出産・育児のために去った人もいるが、反対に子どもの成長とともに働く時間を増やしている人もいる。人数が多いと意見の調整などに工夫や労力が要るが、業務をこなすうえでは一人にかかる負担が少なくて済む。そうした努力や工夫がローテーション表に組まれていた。たとえば午前中だけの人や、午前・午後とも三〇分ずつだけの人など、さまざまな時間帯に多様なワークが組まれており、お互いに無理なくこなせることを大切にしているように思われた。こうした働き方もメンバーが少しでもワークに参加できるようにとの「きりん」の経験と創意の表れであり、ワーカーズ・コレクティブならではのように思われた。

ちょっとした小旅行も企画する「キャリー・ジョイ」

朝九時、利用者を迎えにリフト・バスが出発する。予定表にしたがってその日の利用者の家を回ると、「あさひ」に戻る。午後三時、今度は利用者を乗せて再びバスは「あさひ」から各家庭へ運行する。車は送迎ワーカーズ・コレクティブ「キャリー・ジョイ」のスタッフが運転し、「きりん」のメンバーが同乗する。

「キャリー・ジョイ」が発足したのは九七年三月のこと。それまでは生活クラブ生協の消費材配送を担当していたワーカーズ・コレクティブ「キャリー」のメンバーから分立した五人が「あさひ」での送迎サービスを担当していた。だが、始めてみると野菜と人、それも障害を持ったお年寄りとでは気の遣い方がまるで違った。初めはずいぶん緊張したと、「キャリー・ジョイ」代表の河村尚子さんは振り返る。仕事を軌道に乗せると同時に、キャリーとしてどのようなことができるかを話し合って移動サービスワーカーズ・コレクティブとして独立したのだった。そしていま、「キャリー・ジョイ」発案の事業をいくつか展開している。

その一つが「ケア付きお出かけサービス」である。日常の小さな外出を助けるサービスで、利用者にはまず会員になってもらう（入会金三〇〇〇円、年会費二〇〇〇円）。利用時には車で自宅まで迎えに行き、銀行や病院、デパート、市役所など、利用者の希望の場所へ行き、用事が済むまで付き添う。車椅子の場合は介助もするし、市役所や銀行では利用者に代わって手続きをすることもある。

利用者は、会費のほかに車両運行費や人件費などを含めた利用料を払うが、三時間ほどの外出な

「ケア付きお出かけサービス」の小旅行サービスはお年寄りに大人気

ら三〇〇〇円ぐらいでしかも介助付きだから、とても喜ばれている。ちょっとした段差でも、車椅子の人はとても大変なものだ。とくに高齢者の多くは他人に助けを求めたり要求したりすることに慣れていない人が多いので、じっと我慢してしまう。いきおい出不精となる悪循環が起こる。だが、初めは病院への送迎だけのつもりでおずおず申し込んだ人も、慣れてくると会食会や孫の結婚式出席のためなどに利用するようになり、自然にお年寄りの行動の範囲が広がってきた。現在会員は四八人で、月平均の利用数は約二〇件である。土曜日・日曜日も、時間外料金を設定し、受け付ける。

「お出かけサービス」の企画ものに、「ミニお出かけ」と「小旅行」がある。「ミニお出かけ」は、一一時から一四時のお昼の時間に食事やカラオケ、買い物などに三〜五人連れ立って出かけようというもので、月曜日から金曜日まで受け付ける。費用は二〇〇〇円。

「小旅行」は、朝八時半から午後三時半ごろ

小旅行サービスで行楽に出かけたお年寄りたち

までの、ほぼ一日をかけて出かけるもので、今までに行ったところは、鎌倉、小田原、浅草、お台場、シーパラダイス、それに初詣や能、大相撲の鑑賞など多彩である。とても好評で、鎌倉の場合など一〇人が定員のところ、一八人とほぼ倍の申し込みがあり、結局二日間に分けて出かけた。使用できる車五台に対して、参加人数は車椅子の一〇人とその介護者一〇人、あわせて二〇人の大所帯となるため毎回、四苦八苦しながらも希望者全員が行ける方法を考えるそうだ。参加者たちは「キャリー・ジョイ」の会報に「とても楽しかった」との感想を寄せ、またつぎの企画を楽しみにしている。これからも春、秋、新年と、少なくとも年三回は企画し、定着させたいと、「キャリー・ジョイ」では意欲をみせる。

もともとこれらの企画は会員以外の人に「お出かけサービス」を宣伝するつもりで企画したものだが、小旅行の参加者がすぐに「では、お出かけサービスも利用しよう」とは思わないよ

デイサービスの送迎に食事サービスの配達に大忙しのキャリー・ジョイ

うだ。「お出かけサービス」の利用者は、家族がいなくて一人では外に出られない人、普通車に乗りこんで出かけるには困難になってきている人、普段は我慢しているが連れて行ってもらえるならちょっと遠出をして楽しみたいという人たちであろう。「お出かけサービス」の宣伝については、別の方法が必要のようだ。

「キャリー・ジョイ」の三つ目の事業は「夕食」の配達である。登録している人たちに、「あさひ」の厨房で食事サービスのワーカーズ・コレクティブ「れーどる」が作った食事を配るのだ。

「生きていくためには、食事は欠かせない大切なことと、配食サービスを始めたのですが、同時に、利用者の安否確認も大切にしています。いろいろな方がちょっと寄ってみることで、たとえば一人暮らしの方の様子や変化なども確かめられますから」と、代表の河村さんは配達をしながらのふれあいを語る。実際、訪ねたところ具合が悪くなっている人を発見し、救急車を呼んだり家族に連絡したこともある。

緊急事態だけではない。玄関を入ったとたんに話しかけてくる人がいる。こうした場合は、すぐに帰らずに話を聞くことにしているが、切り上げる潮時がなかなか難しいと河村さんは言う。次の配達先にも同じように首を長くして待っている人がいるからだ。「目薬をさしてくれないか」「ストーブの具合が悪いので見て欲しい」「アイスクリームを冷蔵庫からとってきて」「手紙を投函して」などなど。一人暮らしで身体の自由が利かなくなった人たちの、小さな用事を快く引き受けてくれる人が欲しいことへの表れでもあり、そんなふれあいが毎日の楽しみなのかもしれない。「キャリー・ジョイ」のメンバーは、ただ配達だけをしているのではないことに誇りを持っているようにみえる。

これからの大きな課題は、「お出かけサービス」を広げることと「キャリー・ジョイ」の事業を宣伝し、ニーズを掘り起こすことだ。とはいえスタッフはわずか八人、事業を拡大するとなると今のままでは少々つらい。スタッフの確保も課題のひとつである。人を乗せての運転は、その責任の重さを考えて誘っても尻り込みをする人が多い。運転好きでもワーカーズのスタッフとして経営面の責任を負うことに躊躇する人もいる。そこで運転だけのアルバイトやパート契約、また定年を迎えた男性にスタッフに加わってもらうことも考えていかねばならないようだ。

もう一つの大きな課題に、事業拡大のため委託契約ができる団体になることがある。しかし、この団体に発展すると客を運ぶということで運送法に抵触する可能性もでてくる。かといって運輸省の管轄に組み込まれると営利目的ではないために事業の展開や経営において無理が生じる。現在は厚生省の管轄のもとに福祉事業として「キャリー・ジョイ」は位置づけられているからだ。

それぞれの好みに合う食事の提供に奮闘

「あさひ」には、もう一つのワーカーズ・コレクティブが活動している。調理・配食のワーカーズ「れーどる」である。「れーどる」は、「あさひ」でデイ・サービス用の昼食を四〇～五〇食と配食サービスの食事を六〇～七〇食。この他に、ご飯を自分で炊くことができる利用者のために惣菜も作る。さらには配食サービス利用者のために年一回、会食会を開き、月三回の社会福祉協議会主催ふれあい事業のケータリング(約三〇食)をつくったり、お年寄りや障害者のパーティー料理も受けている。「れーどる」は、これらを一五人のメンバーがローテーションを組んでこなしている。

昼食と配食は、共に利用者それぞれの咀嚼《そしゃく》力や嚥下《えんげ》力に合わせて細かく刻んだり、とろみをつけたり、お粥にしたりと調理をきめ細かく変えている。おまけに魚嫌いな人、肉の嫌いな人など食事の好みは多様だ。そのため一律に食材を決めてしまいたくない。食事は活力のもとであり、ときには生きるための気力にもなるものだからだ。自分たちの食事について考えてみても、決められた食事しか食べられないというのでは、食生活は何とも侘しい。そこで希望はできるかぎり聞き出し対応できるようにしたい、病人食にも応えたい。そのようなメンバーの思いを「れーどる」は、日常の食事づくりの中に取り入れている。だが、実際に実行するとなると大変なことだ。公的施設を含め、ここまできめ細かく対応している所は少ないであろう。

「れーどる」では今後四年間に蓄積してきた献立の内容を整理し、それをパソコンに入力して自在に企画・発注できるようにしたいと考えている。一人ひとりに合わせた食事を作るためにも、またより多くの人たちに配達できるようにするためにも、今のままでは限界にきているからだ。その日

バラエティにとんだ「れーどる」の配食サービスのお弁当

のリストを見ながら作業を進めるには、手間も時間もかかる。洗う係、昼食の係、配食の係に必要な人数は少なくとも六人。それに夕食の配達は三時に出発しなくては間に合わないといったタイム・リミットもある。作業の合理化を図るとともにワーカーズとして十分な運営を進めていくためにはメンバーの確保も課題の一つである。

もう一つの課題は食事の内容。利用者の咀嚼力や嚥下力などの変化をどう掴むかである。いまは「キャリー・ジョイ」のスタッフが配達時に様子を見たり聞いたりした情報をもとに食事内容を変えている。「コーディネーターがいれば、もっと専門的に利用者の身体の変化を受け入れられると思うのですが…」と、「れーどる」元代表の有田晶子さんはいう。

「れーどる」の配食サービスは、厚木市からの委託を受けている。もとは「あさひ」の独自の事業として始めたものであるが、評判がよくニーズが増える状況をみて、市の事業として委託されたのだ。しかし「れーどる」は厚木市の委託基準に満たない人でも、希望者には配食サービスをしている。値段は少々高いが、その分、量も多い。また配食サービスを申し込むときに希望を出せば、「れーどる」独自の食事が受けられるようにもなっている。

九七年からは、土曜日の配食サービスも加えた。これも需要が伸びている。また年末は三〇日まで、年始は三日から始めたところ、普段と同じだけの申し込みがあった。「日曜日も祭日も、それどころか正月ですら特別な日ではなく、食事を必要としている人がたくさんいることを、身を持って知りました」と有田さん。そして、これからの「れーどる」に対してこう語る。

「ワーカーズとしてのスタッフの確保が難しければ、料理の好きな人は多いから、厨房にボランティアとして頼んでみたい。配食サービスのエリアも拡大したい。その拡大された分の配達人数は、たとえば地域の人たちに配達ポイントになってもらい、近所の利用者への配達と食事ケアを依頼する。直接手渡せなくなるが、その代わり近所同士のつながりができ、福祉への関心も持ってもらえるようになるのではないだろうか」と。

「すべてを自分たちで担えるわけではないので、ボランティアの人たちのネットワークを進め、情報交換を頻繁にして、もっと人の輪を広げたい」と、あくまでも前向きな有田さんである。

地域の人と人とのつながり、地域の中でケアをつくっていくことが、福祉に関わるワーカーズ・コレクティブの意義でもある。さらに、今後は「れーどる」会報を年四回ぐらい出したいとも考えている。そこには「会食会」の感想なども載せて、配食サービスをまだ知らない人たちへの宣伝を、と有田さんは考えている。

日々を楽しむ利用者たち

「あさひ」にやってくる人たちは、当然のことだが、それぞれデイサービスを楽しみにしている。やって来る曜日が決まっていれば友だちもでき、仲間になれる。あさひで川柳を楽しむ人、あるいは俳句や短歌を詠む人、唄うことの好きな人。ときには近くの公園に出かけて気の合った仲間と一緒に外出を楽しむ。家では一人でテレビを見るだけの生活が、「あさひ」にやって来るとこうした付き合いや楽しみができる。「あさひ四周年記念誌」にもこんな声がたくさん綴られている。また、障害があるため日常生活に支障はあるが、デイサービスで一日を過ごし、ヘルパーが週三日訪れ、配食サービスを受けている人は、これらのサービスを組み合わせることにより自宅で生活できると喜んでいる。それぞれの人が、障害があり介助を受けつつも、より自立しようと努力したり、あるいは精一杯生きることで社会に貢献したい、と前向きな思いも記されていた。記念誌にかいまみえるのは、お年寄り一人ひとりの人生の起伏であり、違う生活・違う生き方であり、その人生のもう一つの発露である。

高度な専門知識や技術よりも、自分たちが暮らしたい施設や地域のあり方を追求する。デイサービスセンター「あさひ」のその姿勢が、障害を持つお年寄りが自宅で暮らす個性と幸せを可能にしているのである。

（一九九七年一一月取材）

花開いた7万人の信頼

高齢者福祉施設「ラポール藤沢」（社会福祉法人・いきいき福祉会）／神奈川県藤沢市

自立生活の営みを援助するデイサービス

　ＪＲ辻堂駅北口からバスに乗り、市街地を抜けると新湘南バイパスに出る。バイパスを横切ってすぐの城というバス停で降り前方を見渡すと、少し前方に白い三階建の建物がみえる。辺りには田畑も広がる静かな一角にあるその建物が、高齢者福祉施設「ラポール藤沢」である。玄関には「七萬人の信頼」との文字が刻まれた定礎が据えられていた。

「ラポール藤沢」は、生活クラブ生協、コミュニティクラブ生協、福祉クラブ生協などでつくる生活クラブ運動グループ七万人の組合員が、社会福祉法人設立資金の一部として一億円のカンパを行い、それに約二億円の協同組合資源を拠出してできたものだ。その運動グループが掲げる『参加型福祉』の拠点の一つとして「ラポール藤沢」に託した夢と期待が定礎には込められている。一九九四年五月にオープンした「ラポール藤沢」は、入居者五〇人が定員の特別養護老人ホームと、地域介護サービスセンター（藤沢市から事業委託を受け、さまざまな在宅福祉サービスを提供する）を併設する総合的な高齢者の福祉施設である。「ラポール藤沢」が福祉サービスをカバーするエリア

白い三角形の建物が印象的な「ラポール藤沢」の外観

は東海道線・辻堂駅を挟んで南側、海よりの辻堂地区と「ラポール藤沢」のある北側の明治地区で、両地域の居住者約六万人余を対象とする。街と言うには少し大きすぎるそのエリアでデイ・サービス、ショートステイ（二〇床）、入浴サービス、ヘルパー派遣などの各種在宅福祉サービスを提供している。

ところでこうした福祉サービスに対し、「参加型福祉」あるいは福祉に参加することは、いったいどのように行われているのだろうか。実際にサービスを受けている利用者のお年寄りはどのように感じているのであろうか。「ラポール藤沢」の日常を追ってみることにした。

〔一二月二四日・水曜日〕

午前九時「ラポール藤沢」の送迎車「おり姫号」は、運転する職員の井中敏正さんとワーカーズ・コレクティブ「実結《みゆい》」のメンバーの功刀《くぬぎ》

辻堂地区・明治地区の高齢者人口・在宅要援護高齢者人口の内訳

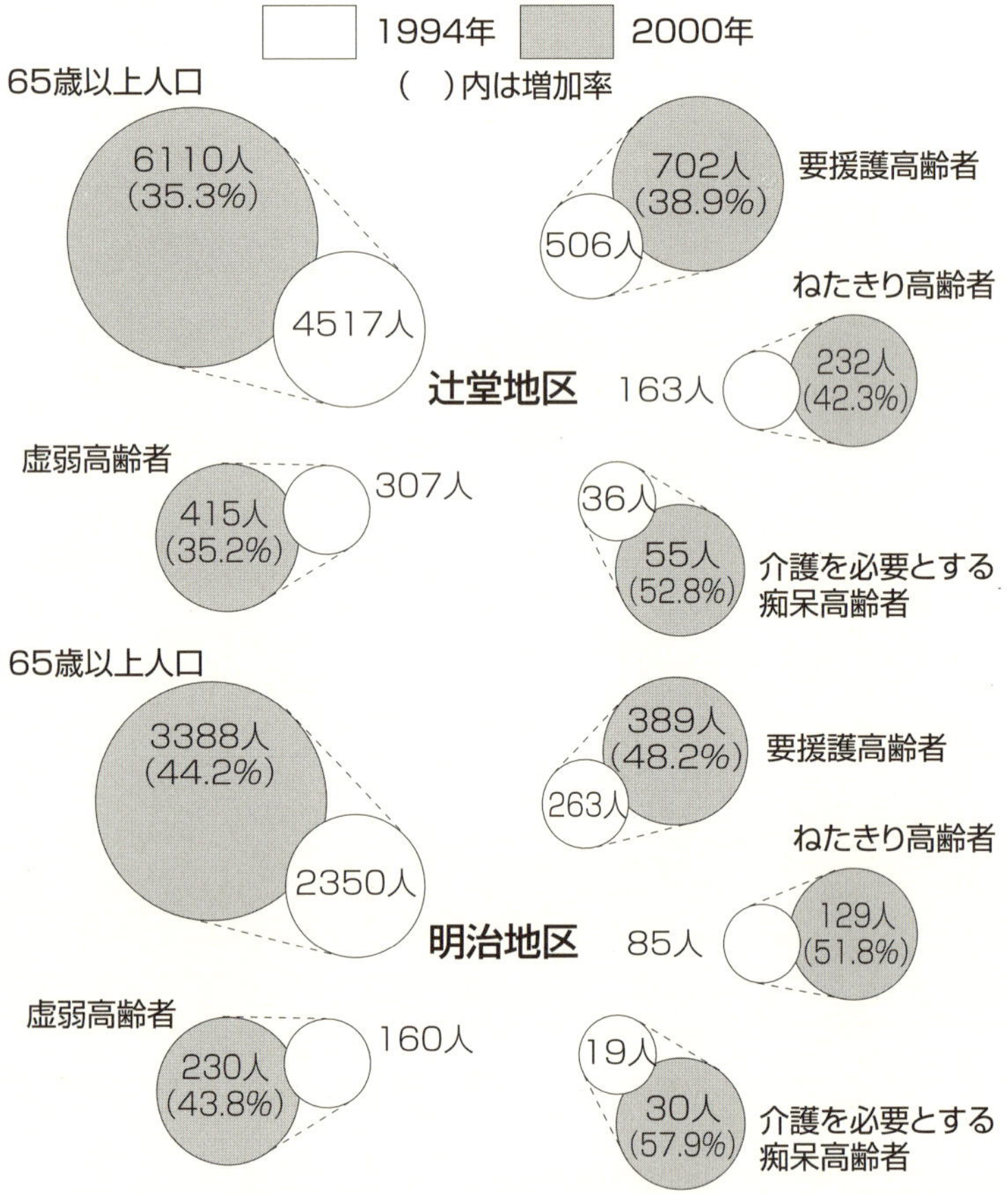

注1.藤沢市老人保健福祉計画作成における65歳以上人口の増加率、要援護高齢者の出現率を辻堂・明治地区に当てはめ算出した。ただし、1994年の出現率は市の計画で1993年の出現率である。

ひろ子さんを乗せて、ホームを出発した。藤沢市を縦断して走る引地川が近くを流れ、周囲には冬枯れの田畑が広がる。大通りを辻堂に向けて走り、狭い路地に入る。他の車とすれ違い、やっと抜け出せた。道と庭との境がわからないような、のどかな古い家並み。自然な感じに手入れされた庭をみると、昔懐しい気分になる。藤沢市にある一〇カ所のデイサービスのうち、「ラポール藤沢」の対象地域は明治、辻堂地区のお年寄りたちだ。

最初に着いたのは、Oさんの家。切刀さんが車から下りて迎えに行くと、Oさんはすでに身支度をすませ、杖を持って待機していた。「おはようございまーす。連絡帳とお薬と、入れ歯を持っていきましょう」と、切刀さんは素早くOさんの手提げの中を確認する。こたつの電源を切りテレビを消し、ストーブが消えているのを確かめてから、家を出る。ゆっくりと車のステップを上るOさん。おり姫号は二件目の家をめざして走りだした。

奥さんと並んで、家の前にリュックをしょって車の到着を待っていたTさんは、車に乗り込むなり、「この間、ちょっと風邪をひいたのだが、もういいようです」と、切刀さんに連絡帳を渡す。切刀さんは、車に乗ってきた人のカバンにすばやく名札を付ける。

洋風な建物の玄関から庭への階段を一歩一歩、杖をついて下りてきたSさんは「下りは怖いの。これは私の命がけ」と言いながら乗車したが、「おっかない」を連発。席についたときは、本当にほっとしたようだった。「今日は今年の最後の日だから、なんとかして行けるようにしなくてはと頑張ってきたのよ。元気で良かった」。「Sさん、寒くないですか」と声をかける井中さんに「寒くないです。みなさんの愛情の熱であったかいですよ」と、Sさん。マンションの二階に住むHさんが乗り込んできて、総勢八人の利用者を乗せたおり姫号は、一〇時に「ラポール藤沢」に到着した。「ラポール藤沢」では藤沢市と話し合い、特別養護老人ホーム（特養）の入居者五〇人のうち、三

「ラポール藤沢」

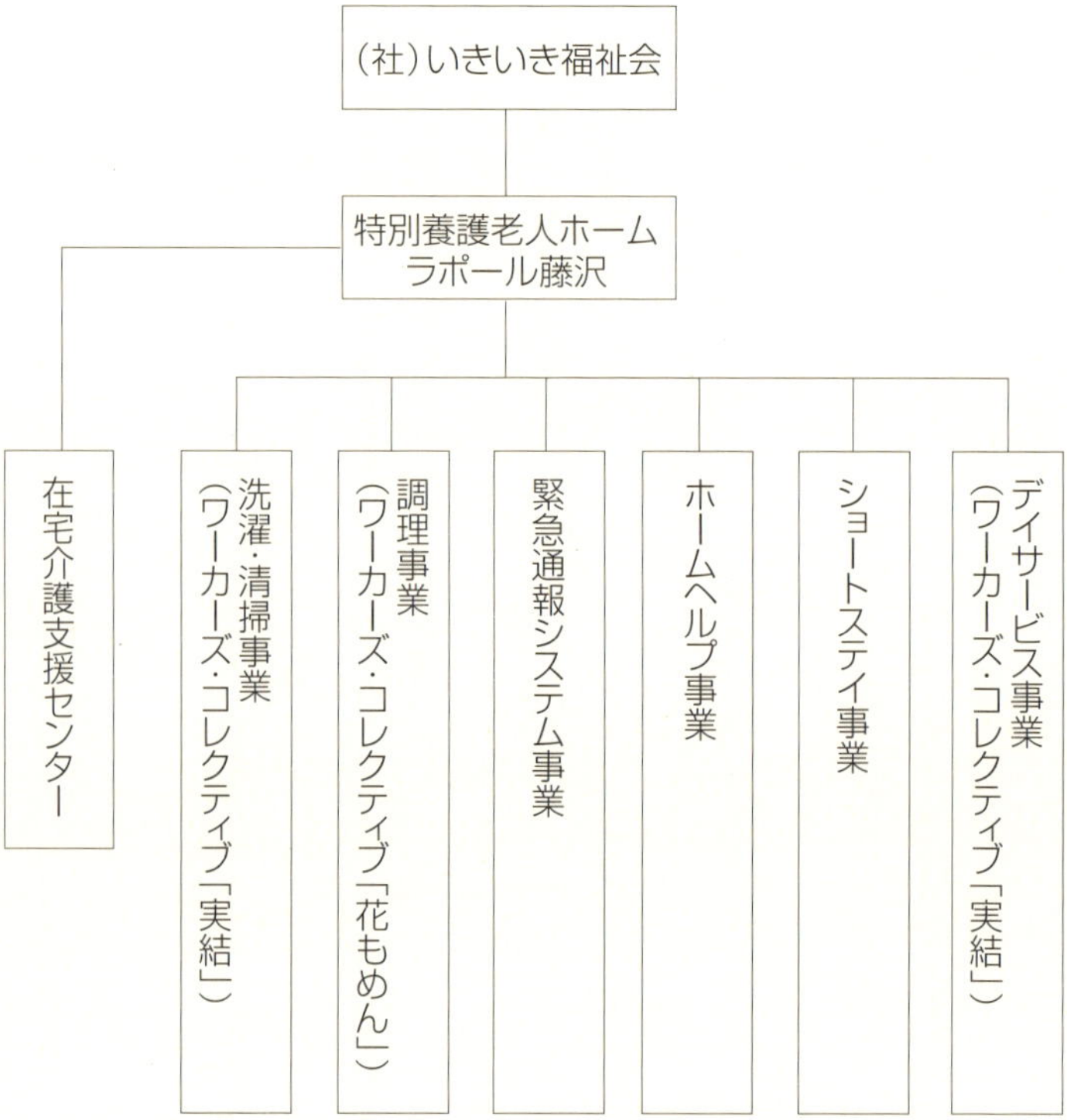
(社)いきいき福祉会
特別養護老人ホーム
ラポール藤沢
在宅介護支援センター
洗濯・清掃事業
(ワーカーズ・コレクティブ「実結」)
調理事業
(ワーカーズ・コレクティブ「花もめん」)
緊急通報システム事業
ホームヘルプ事業
ショートステイ事業
デイサービス事業
(ワーカーズ・コレクティブ「実結」)

○人を重度痴呆、二〇人を一般特養にと決めている。地域介護サービスセンターも併設する「ラポール藤沢」では、一週間ほど要介護のお年寄りを預かるショートステイ、送迎つきの入浴サービス、老人給食の宅配、家事・介護を支援するホームヘルプサービス、在宅介護の相談、一人暮らしの人や高齢者のための緊急通報システムなど、さまざまなサービスを提供している。今日のように、地域で寝たきりや虚弱、痴呆といったお年寄りを車で送迎し、入浴、昼食、レクリエーションなどをする「デイサービス」も、重要な事業のひとつだ。利用者は月曜日から金曜日までの一日を二〇人前後の仲間と交流して過ごす。

「週一回の活動で、残りの六日間の活性化を図りたいのです。一人ひとり何に興味があるのか、生活全般からみて、何をやればよいのか、四〇近いプログラムから選んでもらいます。個別のものもあるし、みんなで一つのことを楽しむこともします」（木村陽子前施設長）。プログラムをみると、美術、音楽、文芸、ゲーム、農業、手仕事などのほか、月一回の「買い物ツアー」や「心は若人・乙女会」（デイサービスの利用者による会議）など、盛りたくさんだ。

午前一〇時。利用者がデイサービスの部屋（食堂）に入ると、他の送迎車で来た人たちがすでに三つの机を囲んで席についていた。来年のカレンダーの塗り絵をする人たち、パッチワークに精をだす女性たち、習字をしたり、周りを見回している人たちなど、さまざまだ。看護婦さんや職員が、お年寄りの間を回って体温や血圧を測る。カレンダーを塗っている机のおばあさんが、車椅子に乗っている和服姿の女性に向かって話しかけている。「そちらさんもよくがんばって来たよ。もうすぐ百歳だものねえ」。周りからも「ほんとにねえ」という感嘆の声が上がる。

パッチワークのテーブルでは講師（市民パートナー）と四人のお年寄りが机を囲む。いろいろな柄を合わせて、ひざかけを制作中。黒と白のチェックのスーツにひもネクタイ、車椅子に乗ったダンディーな男性は、九二歳になる絵の名人、Nさん。この部屋に飾ってある六枚の絵や、廊下に張ってある美人画もNさんの作品だ。絵や写真を見て、水彩画に仕上げる。一週間に七～八枚描いては、人にあげるのが楽しみだという。

詩吟を唸っている百歳になるHさん。それをきいているMさん。「千曲川に上杉謙信と武田信玄が戦った所があってね、そこにオリンピックの宿舎ができたのよ」と、会話がはずんでいる。Mさんは「辞世の句」といって「露と生まれ、朝日を浴びて光輝き、宇宙で舞うて、虹のそれ橋渡ってみたい」と、暗唱してくれた。これは、有名な豊臣秀吉の句をもじったものだ。Mさんの詩も、ホームのあちこちに飾られている。「ホームにくるのは何より楽しみ。みな同じくらいの方だから、話も合います」と、穏やかな顔でいう。

みんなが思い思いのことをしているうちに、「Sさん、お風呂の準備、大丈夫ですって。来てくださーい」と、次々に声がかかる。風呂場の前の廊下は、髪にドライヤーをかけてもらっている人、爪を切ってもらう人、クリームを塗ってもらう人などで、いっぱいだ。お手伝いをするのは「市民パートナー」と呼ばれるボランティアだ。車椅子に座って爪を切ってもらいながら、お年寄りの女性が話しかけている。「この間ね、ハンカチを洗ったのよ、娘のいないときにね。洗えるということがとっても嬉しかったの。自分で用を足せるということがね」。さっぱりとした足に靴下をはかしてもらいながら、彼女は「幸せ、幸せ」と、つぶやいた。

生協が母体になって作った高齢者福祉施設の誕生

「ラポール藤沢」は、一九九四年に生活クラブ生協・神奈川（以下、生活クラブ）の二〇周年記念事業として開設された。生活クラブでは直営のデイサービスセンター「生活リハビリクラブ」を川崎、横浜、葉山の計四か所で実施するなど、積極的に福祉活動を展開してきた。「けれども事業としての運営は難しく、閉鎖的にみえた福祉業界にはほとんど声が届かず、一部では『生協のお遊び』とも捉えられていたりして…。そこで、もっと大勢で関わり、福祉を市民化したいとの強い思いから、社会福祉法人を取得し、特別養護老人ホームの運営に参画しようということになったのです」と、元生活クラブ・神奈川の副理事長で、「ラポール藤沢」の木村施設長（九八年退任）は話す。

一般的に特別養護老人ホームの建設は、まず篤志家の土地の寄付などがあり、上物の建設費用を国や市からの助成金で賄うという形をとる。「ラポール藤沢」の場合、その母体が生協だったわけで、最初の土地探しから始めなければならなかった。こうしたケースは、行政にとっても初めての経験であり、いろいろな面で慎重にならざるを得なかったようだ。

「行政の側には、生協が母体で福祉事業が本当にできるのか、失敗しないか、という懸念があったようで、行政との間にはたくさんのハードルがありました」と、木村さん。第一段階として、土地の取得には約四億円の資金が必要だった。二億円は生協の剰余金から、そして一億円を組合員のカンパで集める方針を総代会に提案した。これには生活クラブ運動グループとして福祉クラブ生協、コミュニティークラブ生協も一緒となり、合計七万人が協力して三年かかって目標を達成した。また藤沢市は条例をつくって用地代の一部を支援してくれた。

木村前施設長はいう。「一億円のカンパは大変な騒ぎになりましたが、超高齢社会を迎えるにあたり『参加型福祉』の意味を共有し合うためにもと、理事会から提案したものでした。生活クラブ生協の一一のブロックごとに福祉委員会を作り、共同購入の班に出かけたり、集会や見学、お祭りのたびに福祉の話を広めてゆきました。『ラポール藤沢』の開設一か月前の完成パーティーでは、

デイサービスセンターでにこやかに談笑するお年寄りたち

大変だったカンパ活動を面白い喜劇仕立てにした寸劇を見て、思わず泣いた人もありました。それくらい苦しかったこと、嬉しかったことなど、思い出はたくさんあったのです」

「私たちが年をとって足腰が弱くなっても、コンサートや集会に参加したいな、と思うでしょ、それにはただ公的サービスを待っているだけではだめ。今から福祉に参加しながら新しいたすけあいのシステムをつくって、生活者・市民に使い勝手のよい生活用具にしてゆかなければ。そのモデルをこの『ラポール藤沢』で体現したい」(木村前施設長)というのが、特別養護老人ホームをともなった「参加型福祉」の実験だ。

正午。昼食の時間になった。ワーカーズ・コレクティブ「花もめん」の人たちがつくった昼食をとる。今日の献立は豚カツとトマト、キャベツの付け合わせ、味噌汁、あえ物、プリン、柔らかく炊いた御飯。「豚カツが柔らかくておいしい」との声が上がった。これは、薄切り肉を何枚も重ねた豚カツで、調理を担当するワーカーズ・コレクティブ「花もめん」の工夫によるものだ。

ジングルベルの音楽が流れる中、お年寄りの食事の様子を見守る職員と介護のワーカーズ・コレクティブ「実結」の人たち。車椅子に座った女性はすぐむせる。後ろに看護婦さんがついて、「お口の中のものがなくなってから、次のものにしましょ」と、背中をさすっている。この女性は長い時間をかけて食事をすべて平らげた。職員が手をふいてあげる。おひつの蓋をあけ、「空です!」と嬉しそうに片付ける「花もめん」のメンバー。職員の井中さんは、みんなの食事の量を表に記録していく。お年寄りに食後の薬を渡す人、目薬をさす人と、食後もケアが続く。

午後二時からは、全員参加のレクリエーションの時間だ。一二月の一週目は年賀状作り、二週目はクリスマスパーティー、三週目は紅白歌合戦、そして四週目の今日は餅つき大会だ。準備が整うまで、カラオケで「青い山脈」を歌うおじいさん。女性ばかりのテーブルでは、身の上話がはずんでいる。「私なんか主人が三回召集されて、家にいたら体裁が悪いと、その度に主人の田舎に返されたの。それは大変だったわ」「嫁に話してもわからないの、時代が違うから」などと、三人の話は止まらない。

まもなく餅つきが始まった。井中さんが杵をふりおろし、女性職員が手でこねる。お年寄りたちはそのまわりに椅子を並べてぐるっと取り囲む。そのうち、手拭いを姉さん被りにした八三歳のKさんが登場。「やっぱり、Kさんだよね」と声が飛ぶ。「搗く人がつきやすいようにしてあげないとね」と、餅を整えるKさん。「セーノ、ヨイショ、セーノ、ヨイショ」とみんなが声をかけだした。続いてTさんやNさんも餅をつく。百歳になるおばあさんが車椅子にすわり、杖によりかかって、「もう五回位かな」と、指図している。「あと二回!」「最後の一回!」、拍手とともにさつまいもの混じった黄色いお餅が出来上がった。

午後三時三〇分。帰りの車の中も、また、賑やかだ。「私、娘の所へ行った一回だけしか休まなかったでしょ。あとは風邪もひかなかったし、いい一年だったわ」と感想を述べる人。家族とホームが記録を書き込む「連絡帳」がみんなに返される。車内の話題はクリスマスのこと、お正月のこと、百人一首の歌の読み方から始まって、安室奈美恵やキムタクの名前まで。「私、スマップの中では中居さんが好きなの」とSさんが言えば、「中居君は辻堂小学校で、ラポールのそばですよ。実家もあるっていう話ですから、地図で調べられるかも」と井中さんが応じて、盛り上がった。車を下りるとき、「ありがとうね」といって、職員と握手するおばあさん。途中、道路で交通事故があったのを見て、「(利用者の)Iさんじゃないでしょうね」と職員が青ざめる場面も。みんなを送り終わると、職員同士「お疲れさまでしたー」。こちらにも安堵感が伝わってきた。

ラポールに戻る送迎車の中で、ハンドルを握りながら井中さんはいう。

「デイサービスの人でも、登録者一一〇人中、痴呆のない方はごく少数です。でも、一見するとわからないんですよ。ここではいい顔をされている方でも、家ではものを投げたりして、家族が困っていることもある。今日のメンバーはしっかりしているというか、我が強い人が多いので、こちら立てればあちら立たずということもあります。家がご近所でおかずのやりとりをしているうちに、味が合わないといって険悪な関係になったり、耳が聞こえない人に教えようとして、相手が聞こえないのがわからずにイライラしたり。ご自分だけはしっかりしていても、相手の状況を理解するというのは難しいようです」。

ラポールに到着すると、今度は記録ノートをつける仕事が待っている。五時からのミーティングでは職員、入浴係など、デイサービスに関わる人たちが集まり、記録をみながら一人ひとりについて、体や行動の報告、問題点の指摘がなされた。

〔一二月二五日、木曜日〕

午前九時三〇分。鍵がかかっている重いドアの鍵を開け、三階に入り、大きな木が植わった中庭を見下ろしながら回廊を歩く。「ラポール藤沢」は、「普通の住まいに近づけること」をコンセプトに建てられており、回廊は道をイメージしたものだ。入居者用の一人部屋、二人部屋、四人部屋と、居間（デイスペース）、トイレ、洗面は一つのグループになっていて、同じ色の空間を形作っている。一つの色のコーナーがグループ化された「住まい」なのだ。赤のコーナー、青のコーナー、緑のコーナー。回廊で結ばれた三つのコーナーと食堂を順に過ぎると、元の場所に戻ってくる。

三階には重度痴呆のお年寄り三〇名が入居している。テレビの前のソファーに、六人のお年寄りが腰かけていた。端の女性は車椅子の上で九〇度前のめりに眠り込んでいる。一人のおばあちゃんがうろうろしながら、男性職員に声をかける。「なんだか（おしっこ）出そう、どうしたらいいの？」。「今、いきますから、もうちょっとお待ちください」と丁寧に応対する職員。また、ある時は、男性職員がおばあちゃんに声をかけている。「こちら（トイレ）にお願いします。すいませんねー」。すると、その女性は大きな声で叫んだ。「いやだよ、ばか！」。トレーナー姿でポケットに手を突っ込み、ぶらぶら歩いているおじいさんがいる。「こんにちわ」と声をかけると、にっこりして頷いた。女性職員が「Uさん、何しているの？」と声をかける。「おなか痛いから散歩してんの」。「じゃ、看護婦さんに薬もらっておきましょうか？」。男性は、「ああ」と頷いて、また歩き出した。そこへ「みんな、仲良くしようねー」とつぶやきながら、車椅子を動かしているおばあさんが通った。

ある部屋の表札を見ると、入居者の名前の左右に、昔の映画「君の名は」の佐田啓二と岸恵子が見つめ合っている写真。入居者が好きな映画のシーンを家族が貼ったものだろう。窓に面した日当たりのいい木のベンチには、だまって座っている男性が二人。お互いに自分の世界に入りこんでいるようだ。椅子にすわってポツンとしているおばあさんを見つけ、職員が肩を抱くように名前を何度も呼んでいる。動物柄の赤いちゃんちゃんこを着て、手押し車を押しているおばあさんに、声をかけられた。首にかけたタオルでよだれをふきながら、「ズボンを上げてくださいな」。見ると、ズボンが下にずれて、皺のよった腰が半分見えている。それを上げてあげると、「ありがとう」と言って食堂に入っていった。

ワーカーズ・コレクティブと職員の共同労働

「参加型福祉」をめざす「ラポール藤沢」にとって、その一番の特徴は、女性たちが主体となったワーカーズ・コレクティブの存在だろう。働く者が共同出資し、共同で働き、共同で経営をする非営利・市民事業体のワーカーズ・コレクティブの「ラポール藤沢」への導入は、研究プロジェクトの最初から検討されていて、いくつかの仕事のうち介護、洗濯、調理の分野をワーカーズ・コレクティブでこなすことになった。

そのひとつ、企業組合ワーカーズ・コレクティブ「花もめん」は、藤沢市から「ラポール藤沢」の調理業務を委託されている。「お年寄りは食べ物を飲み込むのが難しいので、そうとう柔らかく、食べやすく工夫しています。なにしろ『たべることが一番危険』といつも言われていますから」と、元代表の宮脇伸子さん。一人ひとりの食札をみながら、普通食、おかゆ、刻み、極刻み、ミキサー食と何通りにも作り分け、決められた時間に欠かすことなく食事を提供する。最初はそうした当た

入居者の食事づくり、配食サービスのお弁当づくりに勤しむ「花もめん」

り前のことをこなすのに、精一杯だったという。二階と三階に食事の盛りつけに行き、入居者の残食をみて、次の一カ月のパターンを考えるという活動内容だったが、最近は職員の栄養士と連絡をとりながら、中華料理やシチュー、グラタン、スパゲティーなどもメニューに取り入れるようになった。

外部の人が見学にくると、まず驚くのは、壁に貼ってある「ローテーション表」だ。たとえば一二月の第一月曜日は、午前六時から一〇時までの人と午後一時三〇分までの人、一時三〇分から午後八時までの人、午後三時から八時までの人というように、さまざまな時間の組み合せで合計八人が働いている。「なにしろ、調理に三〇人以上が関わっているので、伝達事項がスムーズに伝わらず、栄養士さんが大変だったと思います。帰ったら、次の日は違う人がきているのですから。日誌を書いて引き継ぎしたつもりでも、抜けていたことがありました。システムをどういうふうにするかで安定するのに一年近くもかかりました」と、宮脇さんは回想する。

「花もめん」が工夫しているのは、お年寄りと触れ合う場面を持つこと。そのために、月に一回金曜日の夜に地域の人たちや家族も参加する大衆酒場「稲荷屋」を、土曜日の午後には「花もめん喫茶」を開く。また月一回、入居者とのおやつ作りの場。それは、メンバーにとっても楽しい時間だ。

九六年に「花もめん」は、新事業として辻堂東海岸に念願のプチモール店を開店した。ここでは、九三年から始まった藤沢市の食事サービスの一部を担う。翌九七年からは独自に地域への夕食食事サービスも始めた。次の文は、夕食の配食サービスに関して、会報「風たより」九七年一月号に載ったものだ。

「お母様を介護されている娘さんから、週に一度はホッとしたいからと配食サービスの依頼がありました。『藤沢市に相談したら、身内がそばにいるからだめ。『花もめん』さんに聞いてみたらと言われました』とのこと。そんな電話が増えてきました」と、ある。

行政の配食サービスには条件がつく。その隙間をぬっての注文だ。ラポールで実践している調理技術を生かし、地域に市民事業を広めたいという夢は、着実に実現しつつある。

そして、介護業務と洗濯業務を担うのは、ワーカーズ・コレクティブ「実結」である。「ラポール藤沢」の洗濯業務の委託を受け、二〇キログラム容量の大型洗濯機二台を一日二〇回近く稼働させる。衣類とおむつを洗うには、環境を考えて石けんを使用。洗濯物を乾燥させ、たたみ、それぞれのお年寄りの部屋に届けるまでが仕事だ。そんなおり、なにげない会話が生まれるという。

一方、介護業務は、「ラポール藤沢」の非常勤職員として契約している。その業務内容はデイサービスと入浴サービス、特養業務、ショートステイ支援チームと、多岐にわたる。「ラポール藤沢」の仕事をするメンバーは二五人で、「みんながどの仕事にも入る」との確認のもと、ローテーショ

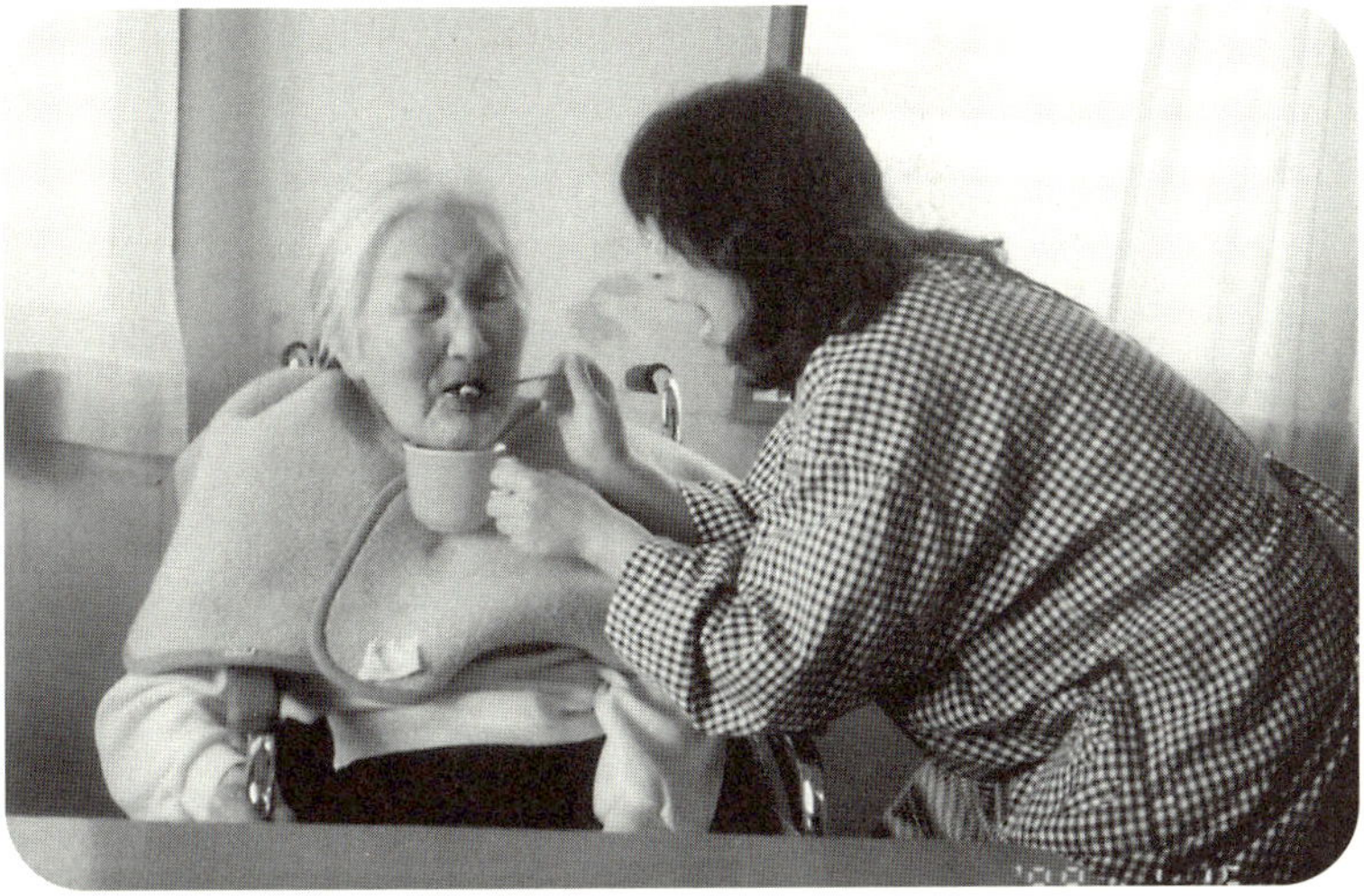
入居者の食事サービスを介助する「実結」のメンバー

ンを組んでこなしている。九七年からは、「三大介助」といわれる「食事、入浴、排泄」も担うことになった。代表の斉藤真理子さんは次のように話す。

「研修を受けた頃は、お年寄りのことを知らない不安がありましたが、接してみると、その人その人の魅力があるのです。断片的な話しかしなくても、一人ひとりもってきた人生体験が違うのがわかります。『たとえていえば、こうなのよ』なんてやさしい言葉かけがあったりすると、やってあげているのではなくて、本当に教わっていると思います。『あの人と会うと、次に何かあるぞ』と思えて、体は疲れていても、気分がいいのです。入浴業務などは、短パンに半袖姿で、お年寄りの足の裏まで洗ってしまいます、楽しいですよ。『申し訳ないです』とお年寄りにいわれると、『順番です』と答えるようにしています」。

これらの活動の中でも、ショートステイ（短期の入居）支援チームは、ワーカーのいるラポールならではの特徴のある仕事だ。職員の他、「実結」のメンバーの中で一一人がローテーションを組んで援助にあたっている。

「ショートステイは気を遣います。利用者は自分の家がいいのですから。家と同じ状態で来て帰ってもらえるよう、食事、排泄などをコントロールしなければなりませんが、それぞれの御家族のやり方がありますから、調節が難しい。また、転倒して骨折などすれば、それがきっかけで寝たきりになることもありますから」（木村前施設長）。一時的な滞在で不安をもつお年寄りたちに、散歩や話し相手、見守りなどのケアをするのが支援チームの役目。コーヒーが飲みたい、本を読むための電気スタンドがほしい、などの要望に細かく応えていくことも、「実結」の支援があるからこそできるケアだろう。

一方、ラポールで得た福祉の専門技術や知識を地域にも生かそうと、「実結」はホームヘルプサービス（家事介護）も行っている。この部門のメンバーは、ラポール兼任のメンバー二五人と、ホームヘルプ専任の一〇人、合わせて三五人である。家族が留守の時に八〇歳代の重度痴呆者の見守りをしたり、六〇歳代の難病の人に、夕方から夜間または家族が留守にするときなど不定期に援助するといったさまざまなニーズに応える。このような人たちは、藤沢市のヘルパーや個人で家政婦を依頼していることも多いが、それでも援助が足りないのが現実だ。

こんなことがあった。七〇歳代で下肢がマヒ、寝たきりの男性は、平日は藤沢市のヘルパーが介護にきている。しかし、土、日、祭日は派遣が休みになるので、「実結」に相談があった。そこで「実結」では行政サービスが休みの時に、メンバーが交代で一日三回三〇分ずつのおむつ交換と全身清拭に通うことにしたそうだ。この依頼をきっかけに、メンバーは考えた。「人が生活していくうえでどうしても欠かせない排泄の介助に『お休みだから』ということで公的福祉サービスが動かないのはおかしい。それは、『土、日、祭日は排泄しないで』ということと同じだ」と。「ラポール藤沢」の在宅介護支援センターのスタッフは、その問題を会議の席上、藤沢市に訴えた。その後、藤沢市では土曜日と祭日でもホームヘルパーを派遣することにしたという。日曜日がなぜ対象外になったのかというと、シビルミニマムによる藤沢市の行政内基準により利用者一人に対するホームヘルパーの派遣時間が週に一八時間が限度と決められており、日曜日に派遣すると時間オーバーするからだ。「これではまだ、在宅の高齢者や障害を持つ人たちが地域で安心して暮らしてはいけない」と、「実結」では納得していない。しかし、今度のことで地域の福祉ニーズを拾って行政に投げかけ、わずかながらも一歩前へ進めたことは確かだ。「これからも地域の福祉ニーズを顕在化させ、公的なサービスを含めた地域福祉の充実をめざしたい」と、メンバーは考えている。

（参考・会報「風たより」九六年一月号）

もう一つの福祉参加・市民パートナー

「ラポール藤沢」では職員のことを「パートナー」と呼び、市民の福祉ボランティアについても、同じ地域に住む「お隣さん」との意味を込めて「市民パートナー」と呼ぶ。「施設に入居するときは住民票を移すので、実際に『同じ地域の住民』となるのですよ」と、木村前施設長。だから「ラポール藤沢」の施設に入ることも、一般で使われている「入所」ではなく「入居」といっている。

いま「ラポール藤沢」に関わっている市民パートナーは、デイサービス部門で月六〇～七〇人、特養ホームでは余暇・サークル関係で一〇〇人弱、生活・介護関係で三〇人弱。デイサービスの日にパッチワークを教えたり、習字を教えたり、コーラスを指導したりする。また、お年寄りの外出を手伝ったり、行事に参加するなど、その人ができることをするという仕組みだ。市民パートナーがレクリエーションを組んで実行したり、外部のサークルの人たちがいろいろな曜日にボランティア活動をしている。そして、貢献できる部分のボランティアを組み合わせコーディネートしているので、人から人へと伝わって自然に参加人数は増えていくという。壁に貼ってある表には、「A10 3F赤コーナー・気のいい床屋」、「P2　たんぽぽ歌コンサート」とある。これは「午前一〇時に三階の赤コーナーで髪を切ります」、「午後二時、歌を歌います」の意。他にも美容室、書道、ステンシルなど、いろいろメニューはある。

水曜と木曜の午前中にデイサービスで手芸を教えている市民パートナーの女性は、今までにお年寄りと一緒に小さなぬいぐるみ、大きなひざかけ、巾着などを作った。作品はまず自分用、それからバザー用にする人が多い。「お年寄りが手仕事をやりたいという気になってくださるのが嬉しいです。できあがると喜んでくださるし。間が開いたり遅く行くと『どうしたかと思った』と心配してくださる。ありがたいです。お年寄りは人との関わり合いが好きだと思います。けれど年を取るとそれが少なくなる。週一回でも刺激があるのはいいことですね」

盲人会で本読みのボランティアをしていた女性は、ただ一人の全盲の入居者のお世話をしている市民パートナーだ。「ある年齢になってから見えなくなった方なので、点字も読めないし、ラジオもほとんど聴かないようです。ここにはほかに目の不自由な方はいないので、『取り残され感』があるようです。記憶力などはしっかりしていられるので、クリスマス会でフラダンスが披露されたときには彼女に「フラダンスの服は何色で、花の色、レイの色は何色だと説明しました。それだけでも少しは場面がわかるのではと思っています」と、話す。

「たんぽぽ歌コーナー」を主催する小室由美子さんは、月一回、音楽療法をしている。手足の指先

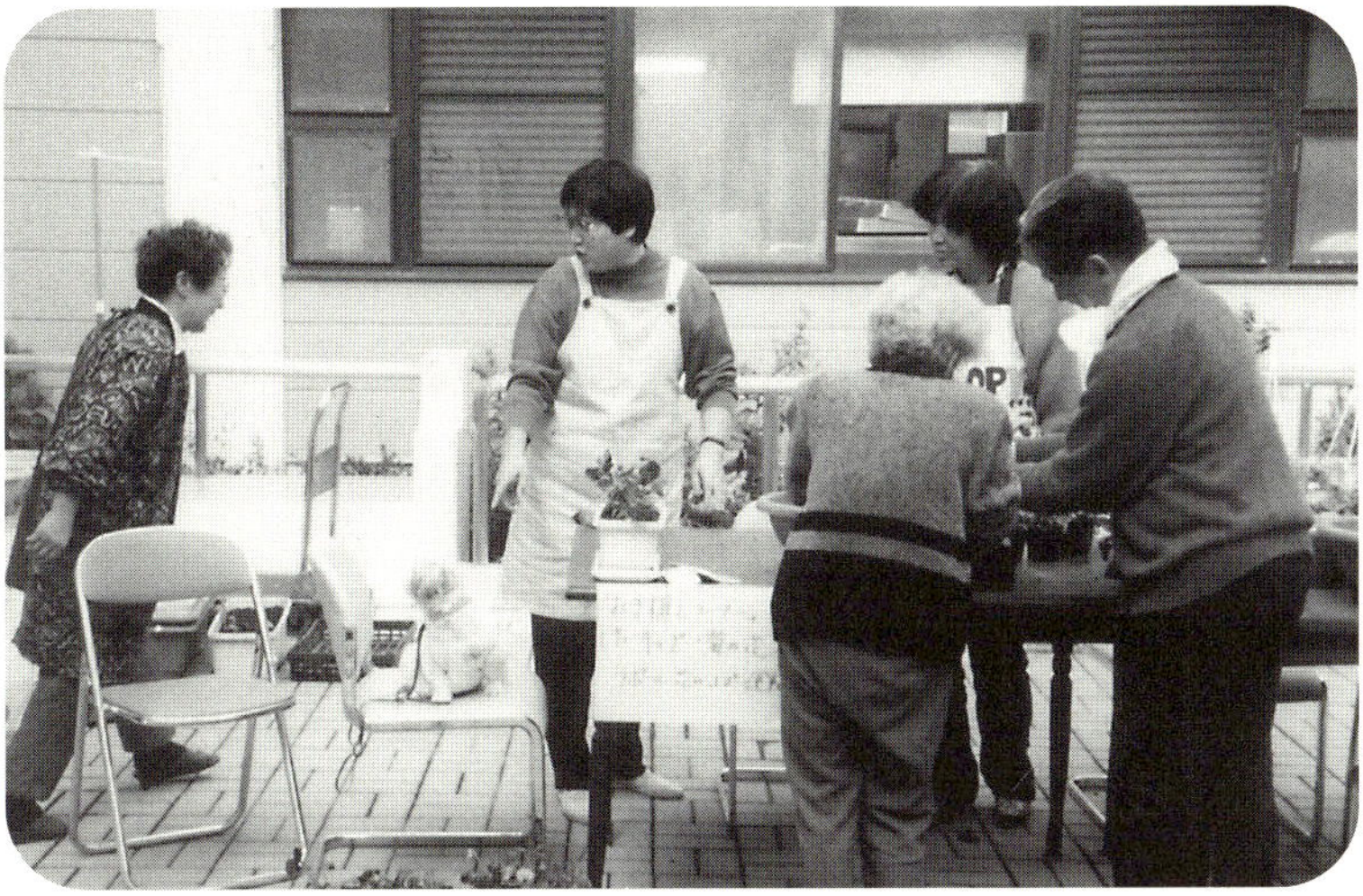
デイサービス利用者と市民パートナーで中庭の花の手入れ

や足の機能回復のためにグーチョキパーをやったり、指遊び歌を歌ったり、楽器のマラカス、タンバリン、カスタネット、鈴などを使っている。「聞かせるのでなく、一緒に歌っていただき、記憶を引き出します。重度痴呆の入居者の方たちが二〇人くらい参加しますが、一時間で歌は五曲くらい。昔の童謡、唱歌のほかに『青い山脈』、『二人は若い』、『リンゴの歌』など昔の流行歌も歌います。歌いながらお名前を一人ひとり呼んだり、年齢や出身地を聞いたりします。そのような時が一番いい顔になりますね」。

夏休みに体験ボランティアで二泊三日ホームに泊まり、お年寄りと一緒に遊んだり、話したりした中学生の小宮山悠香さんと原清夏さんは、「ぼけがあるというおじいさんと話した。何を話したらいいのかわからなかったので、ビーズのブレスレットを見せたら、『きれいだね』と言われたので、『見せてあげるね』といって渡したら取られてしまって、『ありがとう』なんて言われて。職員の人がなんとか言って返してくれた。きっともう忘れているよ。でも元気かなあ」と、笑いながら話してくれた。二人とも、重度の痴呆入居者が暮らす階のドアにカギがかかっているのがショックだったという。「ビデオをみたり、花火をしたり、子ども同士で車椅子に乗って押す練習をしたり、食事の用意や後片付けをしました。おばあちゃんで、行動がかわいい人がいました。私たちはただ、話し相手になっただけで、もっと役に立ちたかった。でも、いい経験になりました」

いよいよクリスマス会！

〔一二月二五日、木曜日〕

今日は二階の一般特養の入居者と、三階の重度痴呆の入居者とのクリスマスパーティーが行われる。朝九時からのミーティングでは、二階の担当職員と三階担当の職員から、入居者の様子が報告された。「起床時、不安気味で大声を上げた」、「頻尿でズボンを交換した」、「尿に血が混じっているが、どこからの出血か連絡ください」、「午後、ポリープの検査で病院にいくため下剤を飲んでいますから、便の様子をよく観察してください」など、心身共に深刻な状況のお年寄りが多いことがうかがわれる。

午後六時、三階の食堂に入っていくと、きれいに飾られた部屋には、もうお年寄りとその家族の人たち三〇人余りが椅子に座り、会が始まるのを待っていた。三階のプログラムは、「クリスマスソング」、「フラダンス」、職員の劇「シンデレラ」など。その後は、みんなが楽しみにしている会

サンタとトナカイに扮した職員にお年寄りもにっこり

食だ。会が始まり、木村施設長の挨拶と、結成されたばかりの家族会の代表の挨拶があった。その間も、車椅子の男性は大きな声を出している。前に座っていた職員が後ろを向いて彼の手を握り、「大丈夫、大丈夫」となだめる。「実結」のメンバーも、声をかけている。南の島の美しい衣装をつけ、にこやかに踊るフラダンスのグループや、職員が演じた「茶髪のシンデレラ」に、笑いがおきる。そのうち、みんなにクリスマスプレゼントが配られた。「メリークリスマス！　Yさん」と、一人ひとりの名前が呼ばれて、職員から大きな包みが渡される。その度に拍手がおこる。先ほどのおじいさんも、アー、アーと大声をあげて、自分の呼ばれるのを待っている。「待っててね」とやさしくなだめる職員の人たち。「Fさん！」。ついにおじいさんの名前が呼ばれた。するとみんなが大きな拍手をした。プレゼントを手にしたおじいさんは、本当に嬉しそうだ。唸るのではなく、初めて、手のひらと指で手をたたいた。「実結」のメン

特養ホームのお年寄りにマッサージボランティア

バーも「よかったねー」と、にこにこしている。

まもなく華やかにクリスマスの御馳走が並べられた。ワーカーズ「花もめん」のメンバーが腕によりをかけて作った料理だ。里芋、しいたけ、にんじん、大根、高野豆腐などの炊き合わせ、お肉の大皿、かぼちゃのサラダ、サンドイッチ、ちらし寿司。市民パートナーが刺身の盛り合わせの大皿を抱え、お年寄りに配っている。ケーキもある。これらの料理に、みんな目を輝かせている。「こんなにしていただくなんて」と、感激するおばあさんに、赤いエプロン姿の「花もめん」のワーカーが「今日はクリスマスですもの」と答えている。「のどにつまらないように、ゆっくりね」と、お年寄りに気を配る職員。市民パートナーの人も、家族も、体験ボランティアをした中学生も、みんなで一緒に食事をとり、会場は明るい熱気で一杯になった。料理をほおばるお年寄りをパチリと写真におさめる職員。そんな様子をながめて、満足そうに微笑む「花もめん」の面々であった。

「昨年はこんな形ではできなかったのですよ。以前は一緒にじっと椅子に座っていることなどできなかったからです。今年の五月から一一月にかけて、週一回、二階と三階でそれぞれ『グループワーク』ということをしたのです。そうしたら、だんだんとみんなが落ち着いてきて。それでこの施設では本人の状態をそのまま受け入れるのが基本になりました。そうすると、お年寄りは安心して落ち着きます。集団生活のルールが身につけば、さらに問題行動はおさまります」（木村前施設長）。

八七歳になる母親が入居中で、「家族会」の三階代表の男性は言う。「この九月頃、母が三八度七分の熱を出して、それが続き、下痢までしていたのですが、そのとき私たち家族ですらできないくらい、職員さんによくしていただきました。家庭ではどうしても二四時間介護は難しい。お盆や正月に家に連れて帰っても、母は落ち着かず、一分おきにトイレにいく、そんな精神状態なのです。ここだと落ち着いているようにみえます。家族は情があっても、介護となると、そんなにしっかりできないところがありますから、ありがたいです。家族会の目的は、お互いの家族の顔を見知ったり、コミュニケーションをとることにあります。他の人の話を聞くだけで精神的に助けられることがたくさんあります。この間の初会合でうちの母よりもっと大変な状態の方の話を聞き、僕なんかまだ甘えていると思いました」

同じ頃、二階でも同じようなクリスマスパーティーが開かれていた。

「ラポール藤沢」ができてから一か月後に母親が入居したという「家族会」の二階代表の女性は言う。「母は一二月一六日に八八歳になりました。弟と妹も来て、一緒に外食をして、赤いベストを着せました。ここは家庭的で本当によく看てくださる。大船のフラワーセンターや日大の桜見物など、看護婦さんやボランティアの方たちも来てくださって、野外にも出かけているようです。私たち家族もなるべく参加したいと思っています。施設長さん以下、市民パートナー、普段のお食事を作って下さる『花もめん』の方などに、本当に感謝しています。こんな所はほかにはそうないようです。家族会でもそのように言われる方が多いですから」。

パートナーの声

一般的に介護職の職員は「寮母」と呼ばれたり「ケアワーカー」と呼ばれるが、前述したように、「ラポール藤沢」では「パートナー」と呼ぶ。「ここの主人公はお年寄りだ」ということを確認するためである。職員は若く元気なため、無意識のうちにお年寄りの上に立ってしまいかねない。お互いが同じ位置に立ち、歩んでいこうとの意味の言葉なのだ。パートナーは一階が六人、二階と三階で二〇人。夜勤、早番、日勤、遅番があり、ローテーションを組んで二四時間介護をしている。

以前、デイサービスや他の施設で介護職をしていたKさんは、「ここは三か所めの職場です。ほかの施設ではストレスのためにアトピーが治らなかったりしていましたが、ここではそうなりません。たとえばお年寄りが汗をかいたら着替えさせる、ここではそんなきめ細かなケアが行われる。介護職というのは、お年寄りを自分に置き換えて生活に気配りすることだということを学びましたね。淋しそうなお年寄りも、楽しいことに参加するといい顔をします。職員にはそれしかできないですから。病院にお連れしなければならない方もいるし、週末に危篤になったり、時には亡くなる方もいる。それはつらいことですけど、どんな場面でも『精一杯関わる』ことだけを心がけています」。

「ラポール藤沢」での「参加型福祉」社会の現実と課題

非営利・協同の組織である生協が関わって運営に乗り出した特別養護老人ホームの現場は、明るくて清潔で、何よりも大勢の人たちでお年寄りたちを温かく見守っている。市民パートナーとして「たんぽぽ歌コーナー」に参加している女性は言う。「老人ホームは、暗くて姥捨て山のイメージがありましたが、入居者の方がみんな明るくて感動しました。建物も六角形で、回れば元の所に戻ってこれるのが気に入りました。普通は横に長いハーモニカ式でしょう？　こういう所だったら老人ホームもいいなと思いました」と、その印象を語る。

玄関で話していたら、軽装の女性がおじいさんの腕をとって、「どこかで日向ぼっこしよう」と、出て行った。おじいさんは大きな声を出している。「行ってらっしゃーい！」と声をかける。市民パートナーは、どうやら「ラポール藤沢」での日常に溶け込んでいるようだ。クリスマス会のお手伝いにきていた市民パートナーは、「デイサービスで手作り品を作ったり、ショッピングや遠足など、おでかけに付き添います。楽しくて自分たちがデイサービスを受けているようです」。職員の一人も、「外出の時などに市民パートナーさんにお願いしていますが、職員もお年寄りも、頼りにしているのです」と言う。

注目されるワーカーズと職員の共同労働について「実結」のメンバーは言う。「共同労働の難しさを感じています。ワーカーズ・コレクティブには夜勤がないし、めいっぱい働いても『ラポール藤沢』で五時間労働、地域介護で四時間、入浴で三時間半と、細切れの働き方です。毎日仕事に入れば熟練もしますが、絶対的な労働時間が少なく、体験が少ないのが問題で、いま検討中です。良

デイサービス風景。お年寄りの人たちは歌が大好き

くも悪くもワーカーズ・コレクティブのような働き方は前例がなく、『おばさんたちが地域の風を吹き込んだ』と評価をされてはいますし、私たちもそうした意気込みは持っているのですが、現実には課題も多くあるのです」と言う。ある職員は「ケアする人が多いと責任分担が少ないように思えますが、実際はそうでもないですから。リーダーはやりにくいところがあります。でも、ワーカーズ・コレクティブのメンバーが小刻みにでもここに関わってくるのは、何か別な新しいあり方が始まるきっかけになるかもしれません。たとえばお年寄りにかかわる人が多いせいか、この老人たちは個性的でいい顔をしていますね」

一方、「ラポール藤沢」の運営そのものに課題もあるようだ。何人かの人が共通して言ったことは、「ラポールは重度の痴呆や、病気が重い人、自立度の低い人の割合が多く、年々その傾向は強まっている」ということだ。ある人は、「病院に入ったほうがいいのではと思われるような医療と福祉の境界線にいるぎりぎりの人まで引き受けている」とも話す。ほかの施設では断るような場合でも、ラポールでは引き受けているというのだ。そのため介護そのものの仕事が多くなるのと、きめ細やかな介護をめざしているため、どうしても職員はオーバーワークとなり、職員の定着率が悪いという。最近も数人の職員が辞めた。しかし、一方では、「日本で初めて生協が作った施設なので運営上慣れないことが多いが、基礎を作るのに五年はかかる。多少、職員の出入りがあるのはしかたがないでしょう」（ある職員）という声もある。

「たすけあい・支えあい」を自明のこととする生協が、「ラポール藤沢」を設立したことで福祉の世界にも突破口を開いたと言われる。これからは「福祉に参加しながら、福祉コミュニティとして充実する方向に変えていく」という手法が、広がりをみせるかもしれない。だが、二〇〇〇年四月にスタートする公的介護保険システムは、実際に特養ホームの現場をどう変えることになるのだろうか。このことに不安を訴える声が職員の間で聞かれた。これから福祉の市場化に伴い事業面でも「参加型福祉」の価値が問われそうだ。

ただ、大人や子どもさえも孤立しがちな「寂しい社会」といわれる現代に、「ラポール藤沢」では「多くの人がお年寄りを見守っている」という事実がある。それはお年寄りにとって何よりのプレゼントではないだろうか。希望のある老後を示す場所、新しい福祉のありかたとして、「ラポール藤沢」形式の「参加型福祉」施設が望まれている。

（一九九七年一一月取材）

第二部

生活者・市民がつくる参加型福祉社会

市民福祉事業の可能性を探る

弾み車のエネルギー

生活クラブグループの「参加型福祉」

「参加型福祉」の多様な実践

設立二〇年を節目に福祉事業へ

生活クラブ生協・神奈川（以下、生活クラブ生協）は、一九九一年に創立二〇周年を迎え、記念事業を行なうことにした。記念事業は、福祉・環境・文化の三つのメインテーマにより組み立てられ、九〇年代の運動や事業につなげることで企画が提案された。その一つ〝福祉〟は、「社会福祉法人」の資格の取得と特別養護老人ホーム設立を中核とした、市民参加型の地域福祉づくりをめざそうというものであった。その説明の前にとりあえず生活クラブの二〇年に至る経緯を簡単にふれておきたい。

生活クラブ生協は、店舗を持たない共同購入形態の生協として六八年に東京に最初につくられた。その二年後に生活クラブと同じ運動理念に基づく共同購入運動が神奈川でも始まり、七一年に「みどり生協」として発足。七七年に「生活クラブ生活協同組合」（神奈川）と改称した。

この時代、六〇年代以降の高度経済成長がもたらした大規模な公害や、環境破壊により人びとの健康や生命をも脅かす社会的な事件が多発した。さらに七三年には石油パニックが起こり、庶民の日常生活に物不足と物価狂乱によるさまざまな揺さぶりが起きた。この経験から生活クラブは食品やトイレットペーパーなど日常の生活用品（生活クラブでは「消費材」という）の独自材開発を積極的にすすめるとともに、埼玉・千葉などの首都圏や長野に生活クラブ生協（単位生協）が次々と誕生し、事業の連携をはかるため七八年には生活クラブ連合が組織された。この間、今日、一般通念として社会化している「産直」にいち早く取り組み、食管法による統制が厳しい中で米の産地指定に取り組み始めた。次いで、豚肉、鶏卵、農産物などを、生産者とじかに提携し、いわば産直の走りとして試行錯誤を繰り返した。その理念は、卸、仲買いなどにより価格形成される市場流通のアンチテーゼとして市場外流通による産地と消費地を直結し、顔の見える相互責任関係を形成することにあった。そこから生態系に基づく生産・流通・消費・廃棄の流れの自主管理をめざす運動が発展した。組織運営には協同組合の主人公は誰かにこだわり、活動を決定し責任を持つのは組合員だと「自己決定・自主管理」が強く打ち出された。

一方、都市生活者の「生き方」を不断に問う社会的活動も実行された。環境や健康の安全性を問題として「合成洗剤を追放して石けん使用を進める」運動は、横浜・川崎・大和・海老名・座間・鎌倉・藤沢など県下の各自治体に請願や陳情し、さらには条令の制定を求めて直接請求運動を実施、県下で二二万人の署名を集めたが、結果的には各自治体とも否決されてしまった。議会が男性中心で生活のあり様に無関心であることを眼のあたりにした出来事だった。このことから社会的発言力をもって政治を生活者の側に引き寄せる必要性を痛感し、自分たち生活者の声を議会に反映させる

「代理人」を議会に送る運動が始められた。この運動は、市民自治をめざす「神奈川ネットワーク運動」に発展し、各行政区ごとに「地域ネット」が組織化され、地域に密着した課題解決のための活動を展開している。現在、議員数も増え「参加型福祉」の市民政策実行においても議会・行政へのかけ橋になくてはならぬ存在となっている。

「参加型福祉」一五年のあゆみ

生活クラブの福祉活動は、七八年に生活クラブ連合の政策課題として、北海道古平《ふるびら》町に精神薄弱者の更生施設「古平〝共働の家〟」を組合員のカンパにより建てた経験がある。この時は、「生活クラブがなぜ福祉に取り組むのか」のテーマが繰り返し議論されたが、生活クラブグループ全体で一億二千万円のカンパが集まった。その後、生活クラブ生協・神奈川独自の福祉活動として八五年に地域で介助活動をする〝たすけあい〟のワーカーズ・コレクティブづくり、八七年に高齢者にくつろぎや機能回復を提供する〝生活リハビリクラブ〟（デイサービスセンター）、そして八九年に福祉を中心事業とする「福祉クラブ生協」を設立させた。

生活クラブ生協の特徴の中心は、組合員の主体性に依拠した活動、事業の展開であるが、これらたすけあいによる福祉活動も同様である。二〇周年記念事業として提案された社会福祉法人の設立も同様であり、お役所主導で貧困といわれてきた日本の福祉レベルに対し、オルターナティブ（もう一つの）な市民参加型の福祉を創造しようと、日本では前例のない試みを組合員に投げかけたのだった。

多様な福祉テーマのうち、とりわけ高齢者福祉は、ほとんどの人が通る道であり、この時期の生活クラブ生協組合員は、団塊の世代が中心層で子育て真っ最中であった。社会的問題への関心や食べ物の安全性などをテーマに熱心な活動をする組合員も、高齢者の福祉問題に関しては、他人ごとの意識・認識水準であった。

しかし、日本の高齢社会のピーク時は、ちょうど団塊の世代が当事者になるのである。事実、高齢化、核家族化による深刻な事例が足下にも起こりはじめていた。弱者救済を目的とする公的機関の福祉は何かと制約が多く、また、なぜか施し感が強く「新中間層」には、人としての自立や尊厳から遠い福祉システムのように思えた。

そこで〝たすけあいワーカーズ〟などの実績や共同購入活動で培われてきた組合員の個人資源をもとに、生活クラブ生協の歩むべき道について、当時の横田克巳理事長（現・福祉クラブ生協理事長）は九〇年一一月の理事、監事対象の役員研修において、「福祉は、地域のなかで自立を扶け合う機能を創り出すこと、自分の住み慣れた地域で、自分の関わりあった人たちの中で生きて死ぬこと。老若男女、弱者、自然環境も含めて共存・共生できるコミュニティ・ケアを、自前で準備しよう」と投げかけた。それは、施設ケア中心の考えから脱して、人びとができる範囲で徐々に地域の中で助け合いに関われば、いずれは自分がしたサービスが回り回って返ってくるはずだ。老いは順番であり、元気なうちにできるだけの福祉サービスに参加して自分の老いに備える。つまり、「たすけあい」というお金で買えない価値が住民相互に移転し拡大することで、公的福祉を補完し、シルバー企業に依存しないですむコミュニティ・オプティマム（地域に最適の生活と福祉条件）が築かれるであろうというある種、楽観的態度をベースにした仮説であった。そして生活クラブ生協は、その組織理念から生協の外部にワーカーズ・コレクティブとして自立を促し、連携して「参加型福祉」の推進をめざしたのである。

図① コミュニティ・オプティマムの位置及び領域

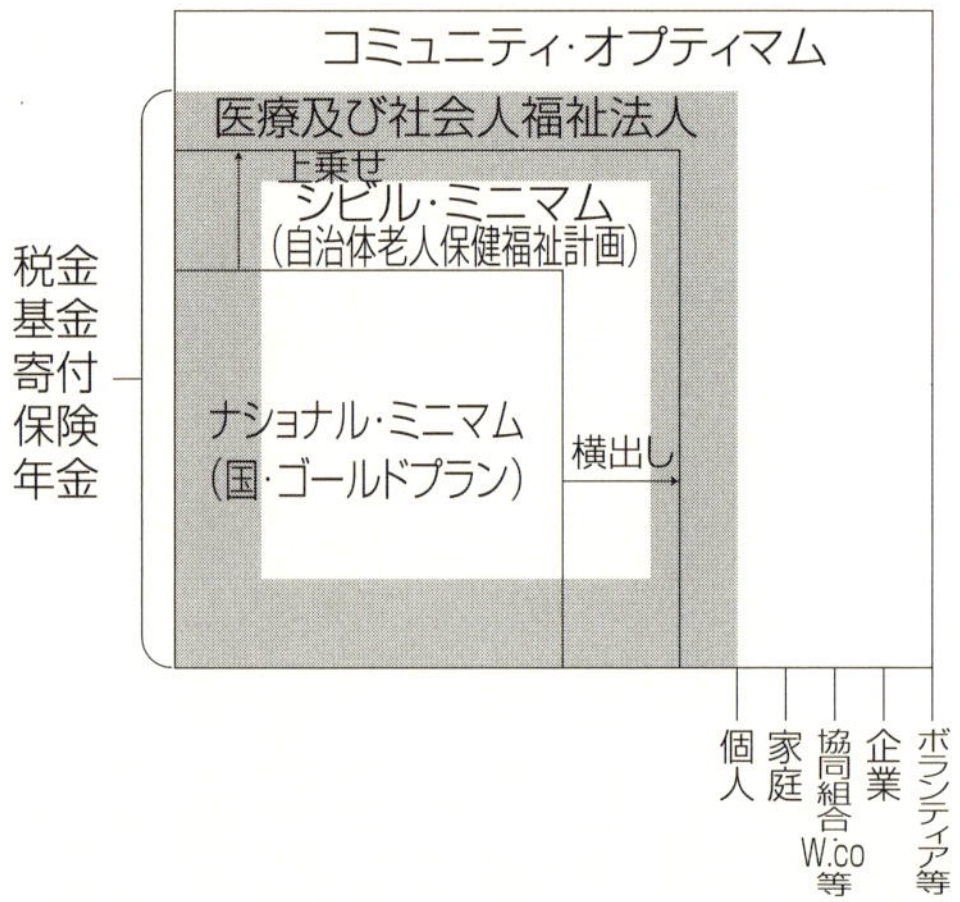

こうした考えの基礎となった一つが、前にふれた家事・介護をテーマとしたワーカーズ・コレクティブ活動であった。八五年に横浜市緑区(現・青葉区)に設立されたサービス生産協同組合「グループたすけあい」をはじめとする、いわゆる生活技術・文化を活かして生活支援サービスをするワーカーズ・コレクティブである。記念事業を提起する頃には一〇グループが生まれており、参加者(メンバー)は当時、約七〇〇人ほどで、自分たちの日常の生活技術をいかしての福祉活動をしていた。ちなみに「グループたすけあい」の合い言葉は、「お仕着せでない、施しでない、金儲けでない」であった。参加メンバーのサービスへの支払いはチケット制を取り入れた。チケット制とは、今日の自分は助ける(サービスする)側でも、明日は助けてもらう立場となるかも知れない。その時には貯めておいたチケットで支払えるというものである。「たすけあい」ワーカーズの活動は、福祉事務所、保健所、病院、老人ホーム、ホームへ

ルプ協会など従来の地域福祉機能からも期待されるようになった。

二つ目は、デイサービスセンターの試行である。「たすけあい」の日常的な生活技術・文化を基礎とした地域福祉を、もう一歩技術的に高め、生活の困難度の高い人々を援助する意味からデイサービスセンターの建設と運営を模索した。これは「たすけあい」のワーカーズの人たちが介護技術をトレーニングし高める手がかり、寝たきり介護などの経験や知識を必要とするための実習グランドと、身近な地域でのリハビリ、ミニケアなど在宅ケアを補完するミニシステム・ネットワークへのアプローチを考えてのものであった。そして八五年一二月に川崎市麻生区に「生活リハビリクラブ・麻生」を開設した。そして、これを川崎市が早い段階で認知し、年間七五〇万円の助成。これには、八三年の統一地方選挙の川崎市議選で当選した代理人とネットの人たちの活動が、行政と生活クラブ福祉活動を結びつける接点の役割を担ったことが大きな意味を持った。その後、生活クラブ生協は四カ所の「生活リハビリクラブ」を直営している。

三つめが「福祉クラブ生協」の設立である。生活協同組合の方式で、なんらかのハンディキャップを持つ人たちを組織化しようと、横浜市港北区に一〇〇〇人余の組合員によって設立してスタートさせた。福祉クラブ生協の詳細は後述するが、この三つの実践と経験をもとに二つの社会福祉法人を設立し、二一世紀を展望した新たな福祉活動の取り組みが構想されたのであった。

福祉活動の総合化

新たな福祉活動構想に向けて必要とされたのは、これまでの三つの福祉活動を総合化することであった。そのためのコンセプトとして次の五つをあげている。

①ノーマライゼーションによる老人の価値保全

ノーマライゼーションは、ハンディキャップを持つ人が当たり前に生きることのできる社会関係を意味する。しかし、産業化社会においては経済的生産性を失った高齢者や年金生活者は社会的評価をされずに放置され、ときとして見捨てられる。これに対し、老人が生存するかぎり継続的に全存在を価値として保全していくための地域コミュニティを形成すること。

②その内容として、「在宅」およびコミュニティ・ケアの実現をはかる

この場合の在宅とは、自分の住む地域で住み暮らし、長年の生活の中で培われた人間関係の中で生きて死ぬこと。そのためにはコミュニティ生産力のあり方を改革、お金で買えない価値の拡大をはかる地域づくりをめざすこと。つまり先に触れた「たすけあい」ワーカーズのように、企業や公的機関での雇用されたサービス労働時間での売り買いでなく、いろいろな技術・文化に裏づけられた資質と労力から生まれる多様な価値を持っている人びとが、できる範囲で地域福祉に関われば、本書の第一部で紹介したようにサービスを受ける人びとにとってもその内容が豊富化され、価値が高まるのである。地域コミュニティが有機的であればあるほどお金で買えない価値が相互に移転でき、拡大される。そのための「在宅」福祉システムである。とりわけ自分が若いうちにしてあげたサービス（コミュニティ労働）が、必ず回り回って自分に返ってくるシステムの確立は、福祉サービス産業に利潤を渡さないですむまちづくりでもある。コミュニティ・ケアは、生活技術を直接交換し合うぶん、「老人の価値」を保全するオルターナティブな社会的経済領域の拡大にも寄与できる。

③「参加・分権・自治・公開」型の福祉システムの創造

従来の福祉システムが「施し・措置」型であるのに対し、「参加型福祉」の仕組みにより、福祉

民主主義をめざすことである。これに必要な要素は、二つのタイプが考えられる。一つは直接的参加で、自分が元気なうちに自分の持つ生活技術・文化をもって福祉社会づくりに寄与する。もう一つは間接的参加で、地域の人々が参加しやすい地域・コミュニティのミニ・ケアシステムづくりを支援する。これらの試みには応分の地域ファンドが必要になる。行政からのバックアップを求めることも重要であるが、基本は自分たちで個人資源を出し合ってファンデーション（基盤）をつくり、運営の責任を応分に担い合う。自分の親や家族がコミュニティ内に在宅施設あるいは在宅ケアを必要とする場合に、その施設やシステムをつくり、オーナーとして参加し、応分の責任を取り合うのである。

こうした参加型の地域福祉システムの創造は、地域の人びとがたくさん参加すればするほど容易となり、行政セクターを真に有効活用でき、公権力への委任や依存を縮小していくこととなる。

（＊④⑤は生活クラブ生協・組織関係の内容のため省略する）。

二〇周年記念事業・社会福祉法人の取得と特別養護老人ホームの建設

生活クラブ生協は、基礎的な組織として近隣五～一〇世帯で〝班〟を構成し、日常生活に必要な消費材を予約共同購入（班別予約共同購入システム）している。この消費材を班で分け合う活動を通し、組合員同士の近隣社会のつながりを深める経験が、これまで述べてきたように都市における生活者・市民のたすけあい・支えあいの必要性を意識と経験のなかに刻んできた。そして八五年には、福祉をもっと身近にと、ワーカーズ・コレクティブが設立された。

一方、生協としては八六年に組合員同士の互助制度として、共済制度をスタートさせている。この共済も組合員同士の助け合いを「金銭」ではなく「具体的な行為（ケア）」を現物給付することを基本としたもので「エッコロ共済」と呼ばれている。さらに八七年に川崎市麻生区に「生活リハビリクラブ・麻生」を設立して以降、「戸手」（九〇年・川崎市幸区）、「葉山」（九一年・葉山町）、「九五年・鴨居」（横浜市緑区）と施設を開設し、地域の人々に利用されるとともに、ワーカーズや組合員のボランティア活動の拠点になっている。

特別養護老人ホーム「ラポール藤沢」の建設

生活クラブ生協では、九〇年に二〇周年記念事業の一つとして福祉活動をテーマに掲げ、藤沢市に特別養護老人ホームの建設計画を理事会で決め、そのために必要な社会福祉法人の取得をめざした。社会福祉法人の取得を記念事業の第一のテーマとしたのも、現行法では生協単独で建設に不可欠な補助金や助成金が受けられず、施設を造ることができないからである。そこで記念事業実施プロジェクト福祉実行委員会を発足させて、高齢者福祉施設建設基本構想をつくり実施への基盤を整備し、運動の展開をすすめた。

計画概要は、建設にかかる費用の総額は一五億六七〇〇万円。うち、三億円は生活クラブが用意し、残りは国・県・市からの補助金、不足分は借り入れる計画であった。生活クラブは二億円を任意積立金から取り崩し、残り一億円は生活クラブ運動グループとして組合員のカンパで準備することにした。カンパ活動は福祉委員会が中心となって活動を繰り広げたが、組合員の合意を高めるのに大変な苦労をして約二年を要した。かつて北海道の古平に障害者の施設建設を生活クラブ組合員のカンパを基金に設立したとき、「なぜ、遠く離れた北海道に造る施設に（遠く離れた組合員が）

カンパするのか」との議論がされたが、そのときの経験を持つ組合員と持たない組合員を交えて話し合うなかで、再び「なぜ生協が特別養護老人ホーム建設なのか」「藤沢市に建てても神奈川全体の所有物ではない。直接関係ない人がほとんど」等の声が持ち上がった。福祉委員会は、班会議を基本に「二一世紀高齢社会は、現在の組合員の多数を占める団塊の世代が当事者になる」「日本の福祉の現状と私たちの生き方を考える」「古平の経験を持つ組合員が、未経験の組合員に福祉取り組みの意義を語る」など、組合員同士の議論の輪を起こしていった。

この活動で一億円のカンパ目標が達成されたが、同時に、組合員同士の合意形成が高められていったことは、その後の福祉活動の大きな財産となった。この議論がなければ「参加型福祉」構想の具体的な実践例の一つが「ラポール藤沢」であるとの共通認識を組合員は持ちえなかったであろう。とりわけ多数を占める団塊世代の組合員は自分自身が超高齢社会の頂点に達する二〇一五年には、他人ごとでは済まされない身近な問題であり、将来を見据えたライフスタイルを考える必要があること、そして特別養護老人ホームは公的福祉の中心施設であり、措置型福祉をめぐる日本の立ち遅れた福祉の状況を知らないでいるといった事実に気付いた。このことが今後、福祉や老いについて組合員同士で議論し、運動への参加の道筋を求めていくことにつながっていった。こうしたさまざまな企画によってカンパ活動がなされ、足かけ三年がかりで目標の一億円のカンパを達成した。

開設までの経過は以下のとおりである。九一年五月、生活クラブ総代会で法人設立・特別養護老人ホーム建設を決める。九二年五月、藤沢市に建設地決まる。九二年一〇月、藤沢市在宅福祉支援システム研究会発足。九三年三月、社会福祉法人「生き活き福祉会」設立。九四年五月、「ラポール藤沢」開設。

「ラポール藤沢」の福祉活動

「ラポール藤沢」の施設が完成して在宅福祉サービスや特別養護老人ホームの各種事業が始まった。

その内容は、第一部の記事のとおりであるが、ほかの特別養護老人ホームと最も大きく違う点は、職員とワーカーズ・コレクティブにより施設運営されていることである。「実結」と「花もめん」の二つのワーカーズ・コレクティブが入居者やデイサービス、ショートスティ利用者の暮らしを支える中心を担い、地域の人々の参加により豊かな老いの実現をめざして、さまざまな運営の工夫が試みられている。また、生活クラブ組合員には一日体験ボランティアなどをしてもらい、在宅福祉を支える福祉施設の役割を考え、理解してもらうとともに夏休みには組合員家族の中高生に宿泊のボランティアを実施して、参加型福祉の次世代への継続に向けた福祉教育などにも取り組んでいる。生活クラブが二〇周年記念事業で組合員に投げかけた、社会福祉法人を取得する意味が「ラポール藤沢」によって、具体的に見える形となったのである。

ケアセンター「あさひ」

ケアセンター「あさひ」は、福祉事業とその運営にまったく素人の女性たちの挑戦で実現した社会福祉法人による施設だ。発端は九〇年、厚木市で地元の高齢の婦人から、女性と子どもたちのためにと土地の提供の申し出があったことに始まった。申し出の相談を受けた厚木ネット（地域ネット）は、「何ができるか何をすれば有効利用されるか」と模索し、行政などへの打診やさまざまな調査をした結果、これから必要となる高齢者施設を土地提供者の同意を得てケアセンターの建設に踏み切った。同年の六月に社会福祉事業法が改正され、ケアセンターの施設を単独設置の場合でも、社会福祉法人の資格獲得が可能となったことも、一つの理由であった。つまり社会福祉法人になれば寄付を受けることが可能であり、公的福祉として補助金で運営できることになるからだ。壁にぶつかり試行錯誤しながら大変な苦労の末、短期間でケアセンター「あさひ」に行き着いたことは、まさしく女性・市民たちの大胆な挑戦によるものであった。

社会福祉法人設立の準備とともに地域の人びとへの同意形成、建設費用やランニングコストの試算、県や市への提出資料の作成等々、開設にこぎつけるまでさまざまな挑戦は続いた。その結果、日本で初めて在宅介護支援センターを併設した単独のB型デイサービスセンターの施設が建設されたのである。施設の概要は、神奈川県厚木市旭町二丁目に敷地面積四六〇㎡、建設面積七五一㎡の鉄筋3階建て。そして経営主体は社会福祉法人「藤雪会」となり、運営が始められた。

具体的な内容は、第一部で紹介しているが、厚木市からの公的な委託を受けた福祉事業など、「あさひ」の事業内容は以下のとおりである。

〈厚木市の委託事業〉

◎在宅介護支援センター

お年寄りや、介護で困っている家族の相談を受け、必要なサービスを手配。開所時間は月曜日～金曜日（午前八時三〇分～午後七時）、土曜日（午前九時～午後五時）、日曜・祝日（午前九時～午後四時）

◎ホームヘルパー派遣事業

日常生活に不自由しているお年寄りや障害者を対象に、家庭を訪問し、家事や介護を、（回数、時間は）必要に応じておこなう。

◎老人デイサービス事業

身体が弱かったり、障害を持っていて外出しにくい六五歳以上の人を利用対象者にレクリエーション、入浴、給食などのサービスをおこなう。月曜日〜金曜日（週一回程度利用可能）まで。

◎痴呆性老人デイサービス事業

痴呆症状のある人を利用対象者にレクリエーションや入浴、給食などのサービスをおこなう。月曜日〜土曜日まで（毎日でも利用可）。開所時間は午前八時〜午後六時。

◎配食サービス事業

食事の仕度をするのが困難な一人暮らしの高齢者・高齢者夫婦世帯、重度障害者に自宅まで夕食を届ける。配食日は月曜日〜土曜日。

〈ケアセンター「あさひ」の独自事業〉

◎ケア付きお出かけサービス事業

一人で外出するのが困難な人を対象にお出かけのお供（通院・買い物・遠足・観劇・温泉旅行など）をする。

◎食事サービス事業

高齢者、障害者、病弱な人を対象に、自宅まで夕食を届ける。配食日は月曜日〜土曜日。

＊九八年度の事業実績は、表①のとおり。

表①　ケアセンター「あさひ」98年度事業実績

●デイサービス

	開所日数	1日平均人数	1日ケアスタッフ数	月平均ボランティア数
老人デイサービス	243日	16.3人	7人	70人
痴呆性老人デイサービス	295日	11.7人	5人	8人

●食事サービス部門・配食サービス

配食日数	298日
食事数	15.772食
登録者数	103人

●送迎・配達部門＝ケア付きお出かけサービス

利用件数	535件
活動時間	1213時間
登録者数	83人

こうした事業は、業種ごとに次の三つのワーカーズ・コレクティブにより業務が運営されている。

●**「きりん」**
ホームヘルパー、デイサービス、在宅介護支援センターのケアとコーディネート部門担当、および施設長・事務長など事務管理部門を担っている。

●**「れーどる」**
デイサービス・配食・パーティ料理の食事づくり、配食サービスのコーディネート、事務を担っている。

●**「キャリー・ジョイ」**
デイサービスの送迎、配食サービスの配達、ケア付きお出かけサービスの送迎部門を担っている。

「あさひ」は、日本で唯一、ワーカーズ・コレクティブによる市民福祉事業として公的福祉サービスを担っているという自負のもと、事業運営に責任を持ち、理事会のもとに各ワーカーズ・コレクティブの代表、および部門責任者による「あさひ運営会議」を開き、運営から見えてきた新しい課題を行政に問題提起し続けている。厚木市内で老いても障害を持っても豊かな生活ができるまちづくりをと、「参加型福祉」の複合的システムがモデルになりつつあり、質の高い安定した生活支援サービスの提供に腐心している。

「参加型福祉」の母体・生活クラブ運動グループ福祉協議会

生活クラブが社会福祉法人を取得し、藤沢市に高齢者福祉施設「ラポール藤沢」を設立したのは、当事者の立場から常に改革のための政策提言を、行っていくことへの一つの試みとしてであった。その結果、今日の生協活動における「参加型福祉」の核づくりのなかで重層的な形で拡がりを見せ、自治体はじめ社会的にも一定の認知を得るまでになった。

ここに至るまでに、一九八〇年代には、ワーカーズ・コレクティブが生まれ、もう一つの共同購入形態である「デポー」（荷捌き所）が開設され（九一年に生活クラブから独立し「コミュニティクラブ生協」となる）、福祉の専門生協として「福祉クラブ生協」も設立された。さらに神奈川ネットワーク運動も生まれ、地域に「生活リハビリクラブ」が増えるなど組織も活動も拡がりを見せてきた。しかし、組織の形態が異なり活動内容が多様化し、実績も増え続けるにしたがい、リーダー層のなかには課題を整理し、自分たちが住み暮らす地域の最適生活条件づくりにむけた「参加型福祉」政策を恒常的に立案、提言していく中核機能の必要性を感じるようになった人たちもいる。

そこで九二年、前述の各組織が参加する「生活クラブ運動グループ」によって「生活クラブ運動グループ福祉協議会」（以下、福祉協議会）が組織されたのである。（図②参照）

福祉協議会では、それぞれの団体が自律的に特徴ある活動を展開している。これらの各団体が連帯することで社会的な拡がりを持たせ、グループとしての福祉政策のモチベーションを高める役目を担っている。そのうえで福祉協議会は、大きく転換しようとしている日本の福祉政策を的確にとらえ市民の参加と責任による福祉社会づくりの政策提言の場として、情報活動やシンポジウムなどをすすめている。以下、福祉協議会で出している「福祉協議会ガイドブック」をもとに、生活クラブ運動グループの活動と福祉協議会の主だった運動を紹介したい。

生活クラブ生協・神奈川ユニオン

七一年に「みどり生協」としてスタートし、七七年にみどり生協から「生活クラブ生協」となり、共同購入中心に活動を展開。この間、組織エリアは横浜、川崎から県央、湘南、そして小田原方面へとほぼ全県域に広がった。協同組合の基本の一つである直接民主主義を遂行するため、九二年に分権化をはかり、ブロック単協制を実施。横浜を東西南北、川崎を二つに分けるなどして、計一一ブロックの単協を設立した。このため全体は「生活クラブ生協・神奈川ユニオン」として組織運営をしている（本部＝横浜市港北区新横浜）

図② 生活クラブ運動グループがつくる福祉協議会

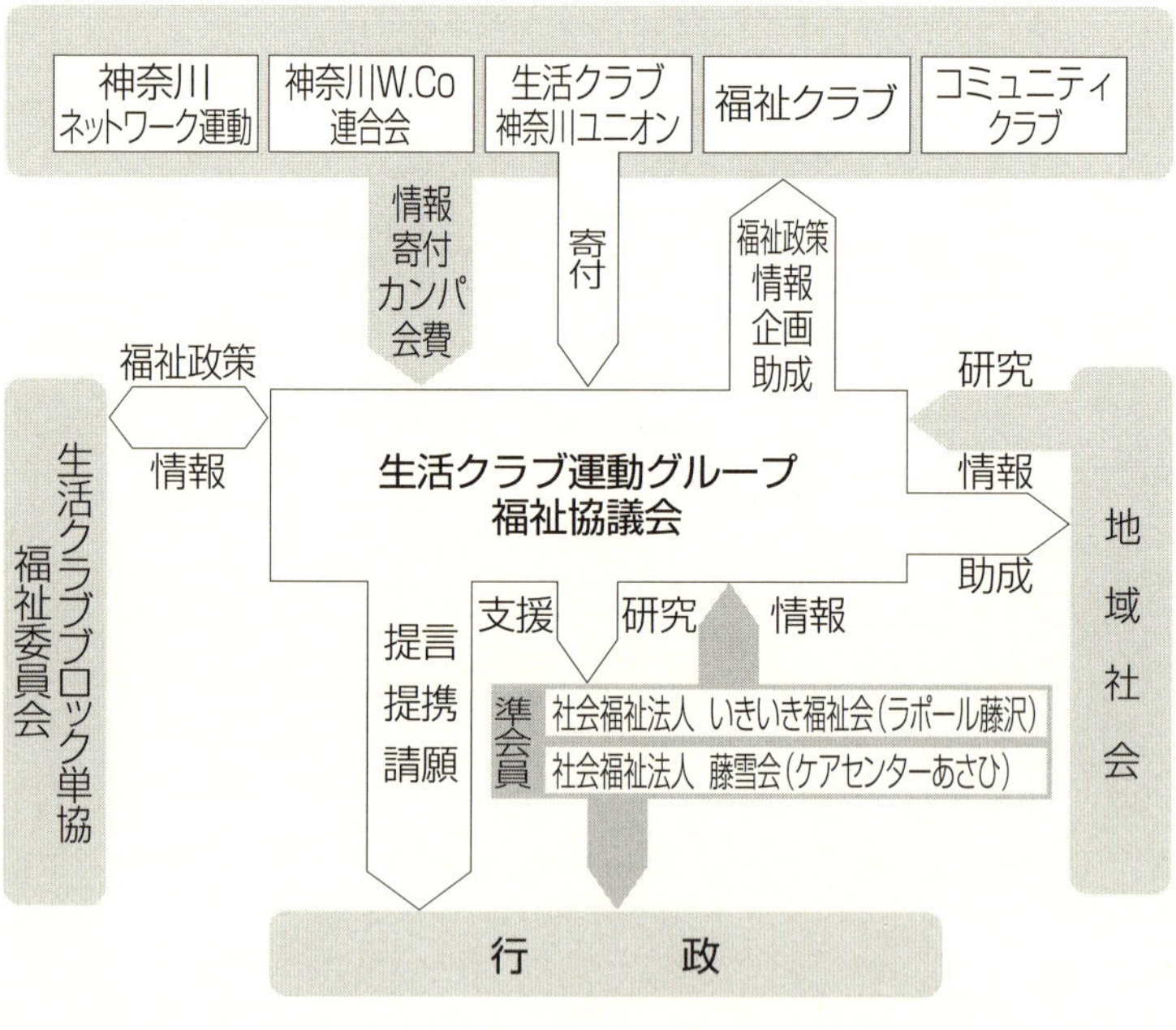

表③　生き活き基金の運営

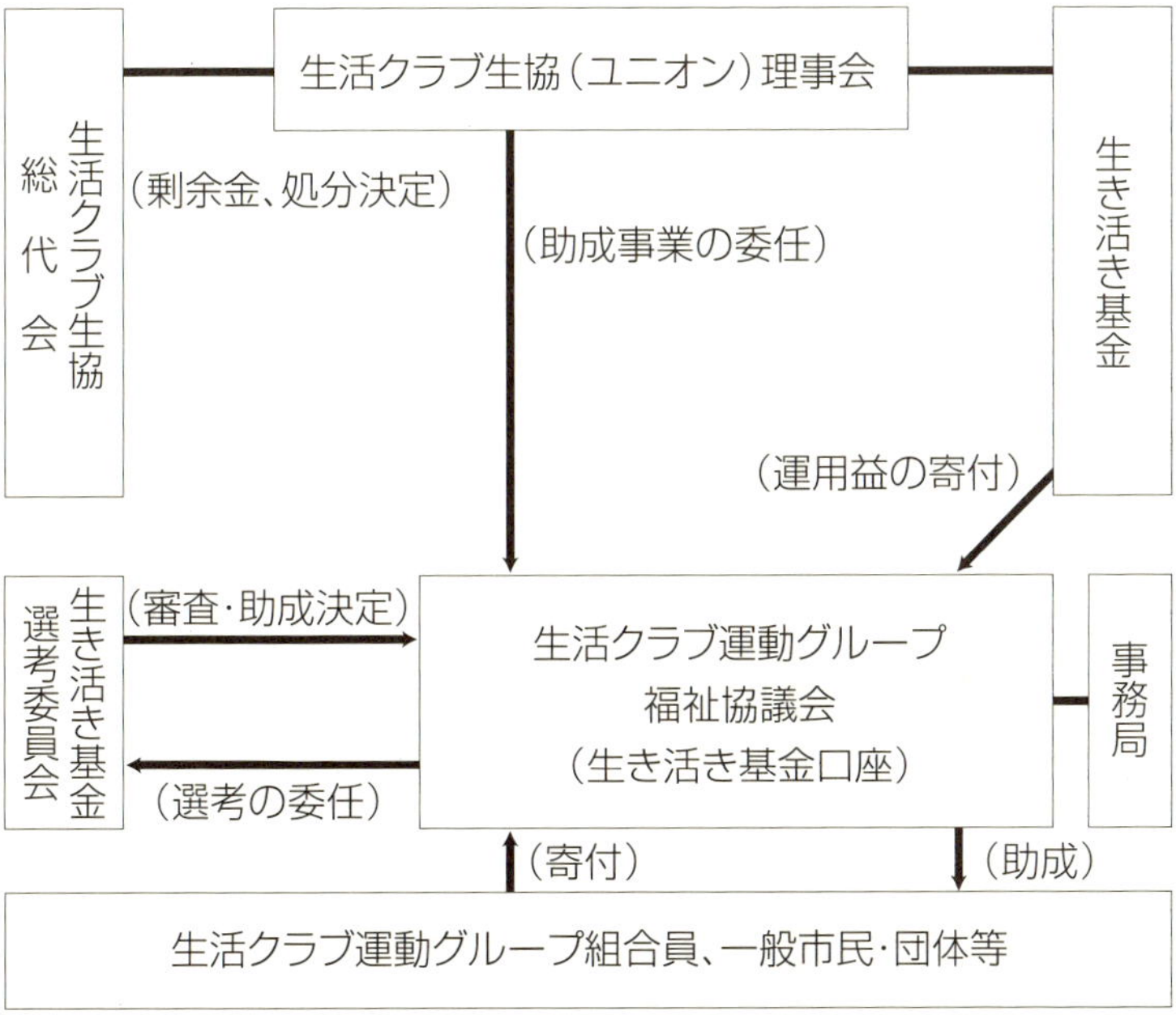
生活クラブ生協（ユニオン）理事会
生活クラブ生協総代会
（剰余金、処分決定）
（助成事業の委任）
生き活き基金
（運用益の寄付）
生き活き基金選考委員会
（審査・助成決定）
（選考の委任）
生活クラブ運動グループ福祉協議会（生き活き基金口座）
事務局
（寄付）
（助成）
生活クラブ運動グループ組合員、一般市民・団体等

コミュニティクラブ生協

八二年に東急田園都市線沿線の横浜市青葉区すすき野にフロアー型共同購入の第一号としてつくられた「デポー」は、日本の生協の中ではいまでも異色の存在である。外見上は普通の生協の小型店舗とさほど変わらない。しかし、Ｄｅｐｏｔ＝フランス語で「荷捌き所」を意味するネーミングのとおり、店舗と共同購入を併合した事業・活動内容で、一般の店舗生協とは内容を異にする。

デポーの特徴は、生活の必要を満たす共同購入の場とシステムを、組合員とワーカーズ・コレクティブの手で自主管理されていることにある。すなわち日々のデポー・フロアーでの共同購入の仕入れ・供給はワーカーズ・コレクティブが責任を負い、組合員は各種委員会への参加やその他の生協活動をする。両者のコーディネーター的存在としてワーカーズ・コレクティブのデポーマネジャーが、支部の運営委員会に参加し、意思の疏通をはかっている。もともとは生活クラブの共同購入活動の一つとして始まったものだが、九一年には生活クラブから「コミュニティクラブ生協」として独立。現在は一七デポーとなり、約一七〇〇〇人の組合員がいる。

デポーのもう一つの特徴は、直接性と地域密着性にある。半径七〇〇メートルほどのエリアを基本に組合員が日々集い、コミュニケートする中に地場の農産物の生産者との交流などがあり、多様で豊かなネットワークを活かした共同購入とコミュニティーづくりがすすめられている。自立したデポー活動は、一方で地域コミュニィづくりをすすめる運動でもあり、この活動のなかから九七年五月に二つのデポーで福祉ワーカーズ・コレクティブが生まれている。その一つは横浜市港南区にある「日限山デポー」で、地域の病院のデイサービス業務委託をコア事業にしている。もう一つの鶴見区・「東寺尾デポー」では在宅ケア事業を展望し、家事・介護サービスワーカーズに積極的に関わっている。また、これらのデポーにかぎらず、藤沢市の「らいふたうんデポー」は、「ラポール藤沢」に関わる人びとを多数輩出し、福祉ワーカーズづくりのベースになるなど、多くのデポーでも福祉ボランティア活動が行われようとしている。

コミュニティクラブ生協の福祉政策では、デポーのあるまちの「参加型福祉」運動のコアとして、デポーごとに家事・介護ワーカーズをつくり、地域に密着した福祉事業の拠点としてミニデイサービス事業、食事サービス事業の取り組みを展望している。そして、大勢の人が集えるデポーの可能性を広げ、たすけあいセンターとしての役割を果たすことを運動のテーマに活動をすすめている。

福祉クラブ生協

八九年、福祉クラブ生協（横浜市港北区）は、日本で初めての福祉専門生協としてスタートした。同生協がめざすのは、福祉サービスを行政やシルバー産業に頼ったり任せたりするのではなく、地域における大勢の人たちの発想と力を出し合い、助け合う仕組みをつくろうという非営利・協同の福祉事業体である。そのため地域の中にワーカーズ・コレクティブを主体とした新しい労働のあり方を創設し、安心して暮らし続けるための「在宅福祉支援システム」を提唱し実践してきている。九九年三月現在、港北区から鶴見区・神奈川区・栄区・緑区、川崎市の幸区・高津区・宮前区・多摩区・麻生区、それに鎌倉市、藤沢市、厚木市、逗子市などに約一一，〇〇〇人近い組合員が組織されている。また利用事業の一つである共同購入品は、生活クラブ連合会にグループの一員として加盟、そこから仕入れ・供給している。

福祉クラブ生協の組織の特徴は、組合員とワーカーズと職員により構成されていることである。基本となっている事業は、助け合いの委託事業（世話焼きワーカーズ・コレクティブ）と利用事業（家事介護ワーカーズ・コレクティブ、食事サービスワーカーズ・コレクティブ、ライフサポートワーカーズ・コレクティブ）であるが、これに本部事務を含めて各ワーカーズが担っている。さらに、現在アクセスフリーをテーマにした移動サービス事業を準備中である。各ワーカーズ・コレクティブのリーダーは、単に福祉クラブから委託を受けた事業を行なうだけでなく、組合員から委任された主権を行使するために福祉クラブ全体の運営にも関わっている。このようにワーカーズの役割は大変に重要で、職員はワーカーズ・コレクティブをサポートする立場にある。

《福祉クラブの運動と事業》

①宅配による共同購入

・食品や環境を配慮したせっけんや日用品への取り組み

・介護生活用品の相談と供給

②健康医療ネットワーク

・家事・介護サービス

・食事サービス

・まちにある技術の共同購入（洋服のリフォーム・ふとんの打ち直し等）

③利用施設ネットワーク

・都市内型、郊外型、田園型の住み替え可。使用権付き。ケア付き住宅

・個人資産の社会貢献を活かした福祉マンションづくり

《福祉クラブ生協を担うワーカーズ・コレクティブ》

①世話焼きワーカーズ・コレクティブ

食による健康づくりの手伝いとして御用聞きによる安全な食品、日用品を週一回、組合員宅に対面で届け、また地域で共に暮らす隣人として相談や紹介など、近隣地域のたすけあいコーディネーターの役割をしている。

②食事サービスワーカーズ・コレクティブ

高齢となり食事の支度のできない人、体の弱い人、産前産後の人など、食事づくりに困っている人の食事を作り、届け、食事ケアをする。それぞれの好み、カロリー、塩分等を配慮し、栄養バランスのとれた食事づくりを基本とし、緊急時の対応や家族の要望など、事前の打ち合せもていねいにしている。

③家事・介護ワーカーズ・コレクティブ

ケアする人と受け手が対等な立場で（お互い様のたすけあいを基本に）、食事づくり、買物、掃除、託児、留守番などの家事や産前産後の世話、高齢者、障害者の身の回りの世話、介助、介護、話し相手、通院の介助、その他必要なとき必要な援助を実践している。

④ライフサポートワーカーズ・コレクティブ

介護生活用品店の運営を通して、お年寄りの持っている機能を生かし、自立を助け、介護者の負担を減らすため、それぞれの人にあった介護生活用品の選択、相談などをしている。

福祉クラブ生協の設立には生活クラブ組合員リーダーたちが関わっていたが、生活者・市民の多くは協同組合セクターを望んで組織に加入し、事業が拡大されるにしたがって地域経済にも活性化をもたらしている。さらに福祉の専門生協として公的セクター、私的セクターに対するチェック力を助け、市民の発言力が強化される。とりわけ公的福祉領域の画一性に対して問題提起するとともに、「参加型福祉」の実践は、住民のたすけあいによるコミュニティ・オプティマム福祉の充実に向けて福祉ニーズを掘り起こし、その可能性を高めるところとなっている。

神奈川ワーカーズ・コレクティブ連合会

ワーカーズ・コレクティブという、もう一つの働き方の説明は、別章で触れているので省略する。地域で住み暮らす人たちが、生活者としての必要性に対する視点から「もの」や「サービス」を非営利・協同事業として設立し、それぞれ自らのワークを持って参画する。参加する全員が出資し、経営を担い、全員が労働し、全員が自由を手にする働き方を組織する。これがコミュニティワークをベースにしたワーカーズ・コレクティブ組織である。言い換えれば雇用、非雇用の関係が無く、自分たちで分業と協業を管理し労働する。そして、自分を生かす働き方・仕事によって働くことの価値の生産とその社会的再発見をはかり、利益を受けることを目的としない非営利・協同の事業である。したがって、その事業内容は、自分自身を含む地域や社会に有益なものであることが原則となっている。

ヨーロッパでは「労働者生産協同組合」（ワーカーズ・コープ）が一般的であるが、アメリカでは参加型の直接民主主義にこだわり、それを可能にする人数の規模の組織をワーカーズ・コレクティブとしている。日本も同じようにもう一つの働き方に対して模索が行われ、これら先進諸国の活動を学習したり、視察した後、最初にワーカーズ・コレクティブを名乗ったのは「にんじん」である。しかし、これにも企業組合として法人化を試みたが認められなかったため、その代案としてワーカーズ・コレクティブにしたといういきさつがある。

「にんじん」は、八二年に生活クラブのデポー業務を請け負い、店舗の経営を事業内容にワーカーズ・コレクティブの第一号になった。以後、次々と多様なワーカーズ・コレクティブが女性・市民を中心につくられてきている。

八九年に、①地域に多種多様なワーカーズ・コレクティブを創出し、ネットワークを形成する、②住み良い地域社会をつくる、③女性が自立して働ける社会・制度をつくる、④ワーカーズ・コレクティブの法制度化を行なうことを目的にワーカーズ・コレクティブ連合会が設立された。共同して経営管理や運営上の課題を解決し、自己決定・自主管理などの質的な向上を図ることも目的とされている。

《在宅福祉ワーカーズ・コレクティブ連絡会議》

家事介護ワーカーズ・コレクティブに始まった福祉関係のワーカーズ・コレクティブは、今日、デイサービス、食事サービス、お出かけサービスなどにまで拡がり、その多くは実質的に公的サービスの一端を担っている。これらワーカーズ・コレクティブの福祉サービスの実績が積み重ねられてくるとともに、「参加型福祉」活動は社会的認知度が高まり、行政との関わりや保健医療分野との連携など新たな課題も起こってきた。こうした状況をふまえてワーカーズ・コレクティブ個々の独自性を生かしながら共育関係や社会的認知度をさらに高めようと、九五年、ワーカーズ・コレクティブ連合会に加入している在宅福祉に関わる四二団体で「在宅福祉ワーカーズ・コレクティブ連絡会議」が発足した。以後、活発に多様性を自主性で統一する活動がなされており、新しく地域で福祉活動を始めようとする人たちへのアドバイスなども行なっている。

（ワーカーズ・コレクティブの組織概要や活動時間等は、資料編を参照いただきたい）。

神奈川ネットワーク運動

一九七〇年代、生活クラブは共同購入から見えてきた環境、教育、福祉などの政策テーマで議会に請願や請求を出す活動に積極的に取り組んでいた。だが、男性中心の議会や行政は、市民生活の質に直接関わる問題解決にはほとんど反応を示さなかった。そこで、合成洗剤追放直接請求運動など生活者・市民の声を議会に反映させるべく「代理人」を送ろうと、議員を生み出す運動をすすめてきた。その「生活者政治」の運動を発展させるため八四年、ローカル・パーティー（地域政党）の「神奈川ネットワーク運動」（ＮＥＴ）を発足させ、社会づくりを目的にしている、神奈川県下に組織（地域ネット）を作り続けてきた。

「参加・分権・自治・公開」の民主主義の実現を基本理念に、県下で三六（九九年三月現在）の地域ネットが活動している。また九九年の統一地方選挙においても各ネットで候補者を擁立し、県議会議員四人を含む四一人の議員を議会に送り込んだ。ネットは政治的民主主義を実践するため議員の仕事を職業とせず、任期も原則として「二期八年のローテーション制」を敷いている。また議員報酬を個人の所有と考えず「歳費管理」としてＮＥＴ全体でプールし、議員や地域ネットの活動費、選挙資金の準備に活用するほか、調査や政治スクール、フォーラム、研究会など市民の政治活動に有効に環流させている。同時にワーカーズ・コレクティブや多様なＮＰＯ（市民活動）と手を組んで女性のリーダーシップによる市民政策を推進し、「参加型政治」の息づく市民社会の実現をめざしている。

日常の地域における活動は、市民の政治生活の用具としてローカル・パーティーを提示し、市民政策の実現に向け、ミニ・フォーラムを開催して市民自らの力で問題解決を進めるなど、自治する力を高めている。また政治や行政の動きを公開する地域ネット広報紙や「議会だより」をメンバーのポスティングにより配布、議会報告会・政治フォーラムなどを開き、議会傍聴等を実施して、市民の政治参加への機会を支援している。

「参加型福祉」は、ネットワーク運動にとって主要な（戦略的）政治・政策課題であり、さらに公的介護保険制度の主体者が、各自治体となることにおいて、地域福祉におけるネットの役割と活動はいっそう増してくることが想定される。

地域と福祉のかけ橋

ワーカーズ・コレクティブ

共同購入運動とワーカーズ・コレクティブ

共同購入から生まれたワーカーズ・コレクティブ

「参加型福祉」の構想において決定的に重要な位置を占めるワーカーズ・コレクティブという労働の組織形態は、生活クラブ生活協同組合(生活クラブ生協)における共同購入運動の進展の中で生まれた。

生活クラブ生協の共同購入運動は、班別予約共同購入のシステムが基本である。その後、一九八二年に地域に設けられたデポー（荷捌き所・小型店舗形式）を拠点とする新しい（もう一つの）共同購入への取り組みが模索され、デポーのフロアー業務をだれが、どのように担うべきかが問題とされた。そして新しい働き方が検討される中で、ベトナム戦争後のアメリカで広がりつつあったワーカーズ・コレクティブに注目したのである。ワーカーズ・コレクティブを協同組合の原理、原則に照らし合せてどのように組織するのか理事会で話し合われた結果、デポー運営業務の主要な部分をワーカーズ・コレクティブが担うことが決定されたのである。こうして日本初のワーカーズ・コレクティブ「にんじん」（人人）が誕生したのは八二年一一月のことであった。「にんじん」は、設立にあたって法人格を取得するために「企業組合」の認可申請を試みたが、許可されず任意団体として発足した。

共同出資により自分たちの労働を自分たちで組織するワーカーズ・コレクティブの労働形態は、生活クラブの班別予約共同購入を支える組合員の協同労働に潜在していた可能性を顕在化させ、発展させたものであるといえる。ワーカーズ・コレクティブの誕生によって明確な契約関係を持った新しい働き方は、働く者の納得性を高めることができた。そして、料理の得意な人たちが集まり、その生活技術を生かした「仕出しワーカーズ」を始めるなど、自己実現したいと願う女性たちのエネルギーと創造性を引き出すことに成功し、その後、生活に関わるさまざまな仕事やサービスを引き受けるワーカーズ・コレクティブが次々に生まれ、広がっていった。

福祉事業に直接関係する領域では、八五年に「家事・介護ワーカーズ」が、八六年に「デイサービスワーカーズ」が誕生し、八八年には福祉クラブ生協の設立に向けて宅配による共同購入を担う「世話焼きワーカーズ」の活動も始まった。また、生活クラブ運動グループが中心になって設立し、九四年から業務を開始した二つの社会福祉法人のうち、ケアセンター「あさひ」の運営はワーカーズ・コレクティブが全面的に担い、特別養護老人ホーム「ラポール藤沢」の運営においてもワーカーズ・コレクティブが重要な役割をはたしている。

ところでワーカーズ・コレクティブの労働は、生活クラブの班別予約共同購入を支える班員の協同労働（アンペードワーク）をより社会化したコミュニティワークと見ることができる。

ワーカーズ・コレクティブの誕生によって明確になった新しい協同労働のあり方を、班別予約共同購入における班での労働のあり方との対比によって労働の質の違いを特徴づけてみよう。

第一に、共同購入の班をめぐる労働は自らの消費生活をより望ましいものにするためであるのに対し、ワーカーズ・コレクティブの労働は他者に提供するモノやサービスを生産する労働である。第二に、共同購入の班をめぐる労働は生活クラブの組織内で行われ、専従職員のサポートを受けられる労働であるのに対し、ワーカーズ・コレクティブの労働は働く人々が自ら出資し、自らのリスク負担で相互に組織する協同労働である。そして第三に共同購入の班をめぐる労働は、その成果が品質の向上や消費材購入にかかるコストの低減という形で組合員に経済的な還元が行なわれるのに対し、ワーカーズ・コレクティブの労働は対価を得て労働の産物を提供する有償労働であり、利用者への責任を伴う。

以上の対比を踏まえたうえでワーカーズ・コレクティブとは、どのような働き方であるのかを、以下に整理してみることにする。

ワーカーズ・コレクティブという働き方

まず、人間の働き方はどのようにして決まるのかを改めて概観してみよう。人間の働き方がどのような社会関係になるかは、その労働がどのようにして組織されるかによって基本的に決定されるといえよう。この労働の組織について考えるにあたって、あらかじめ社会の形態、法・秩序、生活・生産・労働・消費の関係を明らかにしておく必要がある。

人間の生活は本来、「その時々に生じてくる必要を満たす」という形で営まれている。この必要を満たす行為の大きな部分が、生産されたモノやサービスの消費であり、その人間の生活力はモノやサービスの消費を通じて再生産される。こうした関係の中で労働・生産を組織するには、労働・生産の人的条件と物的条件とを整えなければならない。人的条件を整えるというのは、働く人々を集めることである。また、物的条件を整えるというのは、労働・生産の場を用意し必要な資材を調達することである。どちらの条件を整えるにも資本投下とそのリーダーシップが必要になる。

このような条件を整えて労働・生産を組織する主体が、労働・生産をめぐる諸々の決定と執行を行う主体になる。どのような関係の労働によって、どのようなモノやサービスを生産するか、生産したモノやサービスをどのような形やルールで人びとに提供するのか等々の決定権は、労働・生産を組織した主体が握っている。この主体がどのような決定をするかによって、働く人びとの働き方が決定されるのである。（資料編・「ワーカーズ・コレクティブの価値と原則」・神奈川ワーカーズ・コレクティブ連合会による改訂素案・参照）

ワーカーズ・コレクティブの大きな特徴は、そこに参加し働く意志を持つ人が、共同出資し協同労働を組織することにある。今日、一般的な労働の組織においては、労働・生産を組織する主体と実際に働く人びととは分離している。たとえば、私的営利企業における労働・生産を組織するのは、自分の所有する貨幣を資本として投下する資本家ないしその委任を受けた経営者である。そして実際に働く人たちは、投下資本の一部を賃金として受け取るのと引き換えに資本家・経営者の指揮下に入った雇用労働者である。また、公務労働の場合は、労働を組織するのは国や自治体の公権力であり、そこで働く人たちは税金によって雇用されている。

これに対して、ワーカーズ・コレクティブは、働く人びと自身が必要な資本を協同で出資し、自分たちの労働を雇用労働としてではなく協同労働として自らを組織している。そして同じ地域に生活し、志を同じくすることを確認し合った者同士が自らの個人資源を持ち寄り、協力し合って働く関係を契約によって創り出すのである。したがって、労働・生産を組織する者と労働する者との分離、決定者と実行者との分離は、ここには生じない。どのように働いて、どのようなものをつくり、それをどのように提供するかなどは、働く人たち自身によって決められるため、雇用労働にはない、働く人びとの自由がある。と同時に、雇用労働者であれば直面せずに済ますことのできるリスク負担と社会的責任も負わなければならない。

ワーカーズ・コレクティブの組織の特徴

第一の特徴は、組織における直接民主主義と情報の共有にある。

ワーカーズ・コレクティブの運営に関する意志決定にはメンバーの全員が参加する。出資額が人によって異なる場合も、株式会社などと違って各人の決定権に大小の差がつけられることはない。さらに組織内での任務分担の違いによって、意志決定される際の決定権の違いにつながることもない。あくまでも一人一票なのである。

意志決定にあたっては直接民主主義を貫くことを原則とし、メンバーの人数はそれが可能な範囲に抑えられる。人数が増える場合には別組織をつくり、それぞれ独立した組織の連合体を形成していくのである。また別組織をつくるに至らない場合も努めて決定権を分散し、労働場面ごとの自主管理を可能にする。

こうした直接民主主義に基づく運営を、単に形式だけのものにしないために、情報が特定のメンバーだけに集中することを避け、全員が自らの主体的な判断を下すのに必要な情報を共有する。また、組織運営に関する提案にあたってはメンバー全員に十分な説明を行ない、同意を獲得することを大切にしなくてはならない。

第二の特徴は、ワーカーズ・コレクティブで自らの協同労働を組織した人びとは、自分たちの住む地域で働くことである。

雇用労働者の多くは、遠く離れた労働の場と生活の場との間を往復するのに多くの時間とエネルギーを費やすことを余儀なくされ、自分たちの住む地域での人と人との交流から遠ざけられている。それに対してワーカーズ・コレクティブで働く人たちにとっては、労働の場と生活の場とは重なりあい、労働は文字どおり生活の一部となっている。それゆえに協同労働は地域の人びとの生活に開かれたものとなるのである。

第三の特徴は、生活者・市民のための使用価値を生産することにある。

前記のようにして組織されたワーカーズ・コレクティブに参加して働く人たちは、自分たちを含む生活者（主として同じ地域に住む生活者）にとって必要なモノやサービスを生産するのである。この生産の目的は自分たちの必要を満たすもの、役に立つものをつくることであって、生産物を売って利潤を得ることではない。言い換えれば、ワーカーズ・コレクティブが生産する価値は「使用価値」であって、商品を前提にした「交換価値」ではないということになる。

営利企業もまた何らかの使用価値を生産することはあるが、その大きな関心ごとはあくまでも商品が貨幣と交換されることを実現できるかどうかにある。すなわち提供するモノやサービスが売れるかどうかであって、その生活者にとって使用価値が実現されるかどうかは第一義ではない。だれにとっても、使用価値のないものには交換価値も生じないから、営利企業は交換価値を生じさせるために何らかの使用価値を生産しなければならないが、使用価値の生産は言わば手段であって、目的は交換価値の実現なのである。

極端に言うと営利企業が生産するのは、「必要なもの、役に立つもの」ではなくて、「売れるもの」である。営利企業が役に立つものを生産するのは、だれにとっても何の役に立たないものが売れるわけはないから、売れるものをつくろうとすると、だれかにとって何かの役に立つと考えられるものをつくる結果になるというだけのことにすぎない。また、逆に、生産したものが売れさえすれば、それがだれに、どう役立つのか、はたしてそれが本当に必要であるのかどうかは営利企業にとってさほどの関心事でない。とにかくそれが売れること、買う人がいることの事実が、その生産物の必要性であり、それが社会的に役立つという証明になるのである。

しかし、この必要性・有用性の意識が営利企業の宣伝広告の産物であるというのは、今日ではごく普通のことである。資本利潤の最大化をめざして大量生産システムをとっている営利企業では、生活者たちの必要を充足するために商品の生産を行なうのではなく、大量に生産される商品の市場を確保するために人為的に操作し、必要をつくり出す努力を行なっている。

こうして営利企業で働く雇用労働者は、しばしば自分のつくっているものは本当に必要なものかどうかといった自らの労働の意味に対する疑問に悩まされることになる。このような労働者の疎外された労働に対して、ワーカーズ・コレクティブで働く人たちは、自分自身がその必要性・有用性を明確に把握している使用価値を、自らの労働によってつくり出している。

また営利企業は、生活者・市民が切実に必要としているモノやサービスであっても、それが利潤に結びつかないとなれば、その生産に乗り出すことはしない。したがって社会的に必要であるが、やっても儲からない種類の事業を引き受けるための組織は、公権力によってつくられる。そして公的事業体をつくり動かすためには、政治的な手続きが必要になる。

ワーカーズ・コレクティブは営利企業と違って利潤を得ることを目的としておらず、また、公権力から独立しているためメンバーが生活でき、事業を継続することが可能な限りにおいて、営利企業や公的機関が活動しない領域においても、生活者・市民が必要とする使用価値があれば、その生産に積極的に取り組むことができる。この事業活動は「国本位制」が押し付けてきた公共性に対して能動的市民が公共性を自らの手で担い、リスク負担して組み替えることを意味している。

第四の特徴は、生活文化・生活技術を継承し発展させることである。

営利企業による生活関連サービスの商品化の進展は、戦後のごくわずかな期間に、都市・農村部を問わず、日本の社会の隅々に及び、人びとが伝え継承化されてきた生活文化・生活技術を貧困化させ、解体しつつある。ワーカーズ・コレクティブは、こうした流れに抗し、メンバーが身につけてきた生活文化・生活技術を生かすサービスを事業化することによって、地域における生活技術や生活文化を活用・継承し、発展させる途を開くことに結びついているのである。

第五の特徴は、アマチュアの感覚を常に大切にすることである。

ワーカーズ・コレクティブの労働では、必要とされる使用価値の生産に役立つ専門的な知識や技術は当然のことながら尊重されるが、職業的専門性が自己目的的に追求されることはない。逆に職業的専門性に見られる偏向が、アマチュアである生活者の視点から相対化される。ワーカーズ・コレクティブの互酬的労働にあるアマチュアの専門性は、自分たちを含む地域生活を通して有効性が見られるとおりである。それは第一部「福祉のまちを歩く」における各介護福祉ワーカーズ・コレクティブに検証される。

第六の特徴は、労働を自主管理することである。

ワーカーズ・コレクティブの労働に、それぞれの任務の分担はあるが、雇用契約労働と違って管理者による職制はない。労働の場面ごとに個々の労働能力や分業・協業のあり方が検討され、実際にその労働を担うメンバーの意志が反映される。良くも悪くも自主管理が全面的に貫かれるのである。

またワーカーズ・コレクティブにおける働き方は、働く人たち自身によって各人の能力・適性・個性を最大限に生かせるように組み合わせられる。各人が自分に適した働き方をすることによって、自分の持つ創造性とエネルギーとを最大限に発揮することが期待できる。したがって、効率を高めるために仕事の手順を機械的にマニュアル化し、各人の労働を画一化するやり方は否定され、一人ひとりの持っている能力、個性、置かれている状況や持ち時間に合った働き方を効果的に組み合わせ、ローテーションするやり方が追求されるのである。

第七の特徴は、利用者の立場にたってサービスを提供することである。

ワーカーズ・コレクティブは事業体であり、事業を継続するために提供するサービスの対価を利用者から受け取る。しかし、この対価は、営利企業が市場で商品としてサービスを販売する場合の価格とは性質を異にする。

営利企業がサービス商品市場における需要と供給関係の動きを見ながら利潤を最大化するのに最適と考えられる価格設定をするのに対し、ワーカーズ・コレクティブが提供するサービスの対価は、利用者の立場に立って、利用しやすいレベルに設定される。この価格決定要因は、サービスの提供者も利用者も同じ地域コミュニティ内に生活する市民であり、提供者と利用者とは互いに入れ替わる可能性があると考えられ、市場価格に対して「互酬的労働」が生み出す「コミュニティ価格」といえる。

こうしてワーカーズ・コレクティブは、資本主義的市場メカニズム支配を脱して、市場に接しながら市場の外部に、生活者のための使用価値を商品化することなく「生活価値」を提供し合う場をつくり出そうとする。そこでの使用価値の相互提供は、一種の価値変換であるが、それは資本主義的な等価交換ではない。資本主義的な等価交換を不可侵の原則とするかぎり、市場メカニズムの支配を免れることはできない。その点に留意しながら、オルターナティブを模索しているのである。

第八の特徴は、サービスの対価を得て事業を継続することである。

ワーカーズ・コレクティブは、事業体として維持されなければならず、労働の公正な対価によってメンバーの生活がまかなわれ、人的・物的に再生産の条件を整えることができるだけの収入確保を目指さなければならない。だが、ワーカーズ・コレクティブが提供するサービスの対価であるコミュニティ価格は、お金で買えない価値を含んで利用者と価値交換されるため、相対的に低価格レベルに設定される傾向を持つ。したがって事業の領域によっては、事業収入だけで再生産可能な収入を確保することが困難な場合が多い。日本での歴史的試みでもあるワーカーズ・コレクティブは、市民の組織による非営利事業を支える社会的基盤がまったく整備されていないことが、この経済的困難に輪をかけている。

このためワーカーズ・コレクティブは、自らの事業の社会的意義が政治的・社会的に広く認知されるように訴え、税制上の優遇・補助金の交付等の公的支援、寄付・基金等による支援を求める運動を積極的に展開しようとする。

女性運動とワーカーズ・コレクティブ

女性のなかには、主に子育てや生協活動、地域での付き合いなどこれまでの自分の個人的ネットワークを活用して、自分で納得できる形で働くことを通して自己実現したいと願う人たちが増えている。その中心は、「専業主婦」たちである。ワーカーズ・コレクティブは、生協活動でのアンペイドワークを実践してきた主婦・女性たちのこうした願いに応え、そのエネルギーと創造性を解放する途を開いた。ワーカーズ・コレクティブ運動が始められた当初、惣菜・弁当など身の周りの生活技術を生かした活動・事業への取り組みが多くみられたが、その後、さまざまな事業へのチャレンジがなされ、多様化に向けての試行錯誤の過程において、ワーカーズ自身のアイデンティティの充実をもたらしている。

これまで社会的に評価されない、閉鎖的な家庭内労働に飽き足らず、社会的な場面で働きたいと願う能動的な女性たちの選択肢は大きく分けて、雇用労働、ボランティア労働、ワーカーズ・コレクティブ労働のいずれかになる。

雇用労働は、今日の社会で支配的な労働形態であり、収入や諸権利の保証という点では相対的に恵まれているかに見える。しかし、賃金と引き換えに自己の労働力を資本の指揮の下に置くことから来る人間的疎外を避けられず、また、一見自由に見えるパートタイマーの場合は、収入や権利保証も不安定で、きわめて不満足なものでしかない。

一方、ボランティア労働は、自らの志を実現できるが、これを持続する経済的基盤を自ら創り出すことは困難で、多くの場合は経済的に他者に依存せざるを得ない。さらに生活の器である地域コミュニティの人間関係を育て上げ、組み替え、豊かに成熟させることはできないであろう。

この二つの働き方に対しワーカーズ・コレクティブは、自らの出資で協同労働を組織することによって、自分の納得できる互酬的労働と一定の経済的自立との両立を実現しようとする。さらに、この「市民資本センター」を創造する働き方は、地域コミュニティの自立的発展と、もう一つの地域経済＝社会的経済領域を造成するのである。

ワーカーズ・コレクティブと地域コミュニティ

ワーカーズ・コレクティブと地域コミュニティの関係性について、以下に箇条書きしたい。

①地域で自分と生活者・市民のために使用価値を生産する　ワーカーズ・コレクティブは自分の住む地域で働き、その価値を地域コミュニティにおいて直接交換し、生産・流通・消費・廃棄システムのロスを最小限に止める。

②シャドーワークに光を当て事業化する　ワーカーズ・コレクティブは、シャドー・ワークとして社会的・歴史的に評価されないでいる地域の相互扶助が、営利企業や行政のパブリックサービスに置き換えられていく流れに抗して、生活者が必要とするパブリックサービスを、コミュニティワークを通して生活者自身が実現する。

③生産者と利用者の立場に立って「仮決算価格」を駆使する　ワーカーズ・コレクティブは、サービスの提供者と利用者とが入れ替わることを考え、利用者の立場に立ち、利用者の利用しやすいコ

神奈川ワーカーズ・コレクティブ98年度活動概要（98.4.1～99.3.31）

在宅福祉ワーカーズ・コレクティブ団体数　59団体			
家事介護サービス	40	食事サービス（配食）	11
デイサービスのみ	1	移動サービス	3
家事介護W.Coの食事部門	(2)	保育	4
W.Coメンバー数　2,622人			
家事介護サービス	2,305	移動サービス	49
デイサービスのみ	25	保育	30
食事サービス	213		
総活動時間数　559,031時間			
家事介護サービス	280,800.5	保育	23,919
デイサービス	94,583.5	住宅介護支援センター	5,940
食事サービス（配食）	136,859	作業所	2,776
	259,979食	ショートステイ	5,116.5
移動サービス	1,751	特養　介護	7,286
総事業収入　759,337,259円			
家事介護サービス	295,299,369	保育	107,264,820
デイサービス	124,279,158	在宅介護支援センター	11,680,000
食事サービス（配食）	204,585,284	作業所	2,426,950
		ショートステイ	4,451,355
移動サービス	3,011,503	特養（介護）	6,338,820

ミュニティ価格だけでなく、お金で買えない価値をも生産し提供する。提供するサービスは、いずれ確実に自分に戻ってくるとすれば、お金での決済が不要になる。しかし、現状でのコミュニティに対する信頼は、一定の不確実性を含んでいるため、とりあえずの納得する価格として「仮決済価格」の意味を込めて交換している。

④コミュニティ経済を活性化して市場をけん制する　ワーカーズ・コレクティブは、市場経済の外部に、貨幣を媒介とすることなく使用価値を直接に移転し合うことのできる互酬による社会的経済を形成する。同時にボランティアの人びとの社会貢献をコーディネートし、その実現に寄与する。

⑤市民主権の実質化に寄与し、リーダー規範を実践する　ワーカーズ・コレクティブは、生活者・市民の抱える諸問題を公権力に依存することなく生活者・市民自身が解決し、また、行政との双務契約により公的サービスの実施を生活者・市民が担う活動を通じて市民主権の実質化に寄与する。ワーカーズ・コレクティブ労働によるコミュニティリーダーとしての規範は、「相互けん制（相手を育んで自己を規制する関係をつくる）」、「アカウンタビリティ（説明をして同意を獲得する責任）」、「ディスクローズ（情報を開示してアクセスを拓く）」によって示される。

福祉ワーカーズの可能性

地域において「参加型福祉」推進の核として多くのワーカーズ・コレクティブが事業をすすめているが、公的介護保険の導入とともに、これからの福祉ワーカーズの可能性を以下に挙げておきたい。

①福祉ワークの担い手をつくり出す　ワーカーズ・コレクティブは、個人資源を生かして自分の納得できる形で働き、自己実現したいと願う多数の人びとを社会的に有用な労働の場に容易に登場する参加条件として、高齢社会で生活支援サービスを大量に必要とされる福祉ワークの担い手をつくり出すことにある。そしてアンペイドワークであった家庭内介護労働は、コミュニティワークへと再編成され、その価値が社会的に認知されるに従って、労働力の商品化の経路を経ずにコミュニティ価格による価値の直接交換と決済を可能にするペイドワークとなる。

②生活者の感覚をアアマチュアの専門性を高めて福祉サービスに活かす　ワーカーズで働く生活者・市民は、福祉のアマチュア＝生活のプロとしての感覚と生活技術・文化を、生活価値の実現である福祉ワークに活かし、福祉の専門家と協力して、在宅福祉サービスの内容を充実させる。

ワーカーズ・コレクティブの互酬労働には、意志決定主体と実行主体とが一体化しているがゆえに、いくつもの優位性と強みがある。ワーカーズ・コレクティブはこのアマチュアの専門性を磨いて活かし、地域に密着して多様な福祉ニーズに対応することができる。また、潜在的な福祉ニーズを掘り起こし、苦情処理機能や新しいサービス分野を創造することができる。

③福祉ワークのコスト・パフォーマンスを高め、現状の負担で高福祉をつくる　福祉ワークが雇用労働によって担われる場合には直接間接の管理コストなどが高くなり、利用者は高負担を余儀なくされる。これに対しワーカーズ・コレクティブ管理コストは、意志決定の主体と労働の主体とが分離しておらず、価値交換が直接的であり、間接的な経費は少ないので、ワーカーズによる福祉ワークのコスト・パフォーマンスを高められる（たとえば、神奈川ネットワーク運動の調査によれば、ホームヘルプ一時間当たり、公務員とワーカーズ・コレクティブとでは約一〇倍の差が見られる）。

このようにコスト・パフォーマンスの高いワーカーズ・コレクティブによって福祉サービスのコ

ミュニティ価格が形成されるならば、サービス市場での価格をけん制して、引き下げるように影響力を及ぼすことができる。この影響力は、良質なサービスの提供に限らず、市場や公定の価格を引き下げて、生活者・市民の経済的負担を軽減し、広く幸せの増進に寄与することになる。

また、政治不信の根強い日本では、政府が北欧型の高福祉・高負担を唱えても政治的合意は得られにくい。福祉ワークの主要部分の経営を非営利・協同の市民事業であるワーカーズ・コレクティブが担うことができれば、「高福祉・中負担」の福祉システムの実現が可能になる。

④公的福祉の内容を充実させる　さらにワーカーズ・コレクティブは行政との双務契約により、公的福祉サービスの主要な部分を生活者・市民自身が担うことによってサービス内容の低下を防ぎ、生活者・市民本位のものにするとともに、地域社会の潜在的な福祉ニーズを掘り起こして顕在化させるだけでなく、苦情処理や資産管理等を支援し、推進できる（ワーカーズ・コレクティブの双務契約モデルを参照）。

⑤地域最適福祉の実現に寄与する　ワーカーズ・コレクティブは、行政も営利企業も担うことのできない福祉ワークに積極的に取り組むことによって、コミュニティ・オプティマム福祉（公的福祉領域以外で、助け合いによる地域福祉の最適基準）の領域を充実させる課題に寄与する。介護保険の導入に伴う保険の適用除外を助けるだけでなく、コミュニティの幸せ感を高める。

課題と展望

ワーカーズ・コレクティブのこれからの課題の第一は、ワーカーズで働く人びとへの社会的保障を確立することである。すなわちコミュニティワークの測定・評価を社会化し、社会的に有用な労働の担い手にふさわしい諸権利を保障する制度の確立にある。そのためには、国の法律を優先するよりも、自治体ごとの地域コミュニティの実態に見合った条例などによる支援や補償策を推進しなければならない。第二には、行政や営利企業との社会的契約の締結や資産の団体所有などに必要な法人格を、ワーカーズ・コレクティブが容易に取得できる法令・制度を確立することである。それは女性が自主的に社会的地位向上をはかる基盤整備ともなるであろう。さらには福祉施設が公的施設を中心に非営利・協同体によって運営できるよう入札制度等の改革も必要であろう。

こうした法人格の取得とともに、事業分野の拡大と事業のネットワーク化を進めることが第三の課題である。ワーカーズ・コレクティブの事業分野の拡大と、協同組合間協同による非営利市民事業のネットワーク化を進め、地域介護力を高めることのできる生活支援システムとしての有機的結合を図らなくてはならない。またワーカーズ・コレクティブは、必要に応じて営利企業とも提携し、仕事配分の一端を担い、失業のストレスを吸収して地域経済の発展・向上に寄与することに努力しなくてはならない。そしてアマチュアリズムと専門性とを適切に結合することである。

ワーカーズ・コレクティブの労働におけるアマチュアリズムを発揮して、専門性との適切な結合に対し、あらゆる機会を通して研修を行ない、コーディネート能力を高めるとともに、経営のマネージメント能力も高めなくてはならない。また、これに関連してメンバー間の労働の相互理解を深め、地域社会が必要とするコミュニティワークのあり方や、それぞれの立場からの測定と評価を実現できるよう議論を深めることも重要である。

経済的基盤を強化しワーカーの経済的自立を

ワーカーズ・コレクティブを維持し発展させるためには、生涯労働におけるライフステージの適切な選択肢の一つとしてモデル化を図り、社会的な経済の発展を促すことのできる対価によってワーカーの応分な生活を保証し、バーターエクスチェンジを含んだ非営利・協同の地域消費システムを整備しつつ、経済的自立を促進することが必要である（家事・介護ワーカーズ・コレクティブの価格モデル参照）。しかし現状では、コーディネートワークへの対価の支払いが後回しになるなど、ワーカーズ・コレクティブで行われる労働のかなりの部分がアンペイドワークのままになっている。

ワーカーズ・コレクティブの事業収入を増やすことは主要な課題のひとつであるが、ワーカーズ・コレクティブが提供するサービスの対価は、自らを利用者の立場に置き替えて相互関係を反映したレベルに設定されるので、事業の領域によっては、事業収入だけで再生産に必要なコストを確保することは困難である場合が少なくない。また日本では、市民の非営利事業組織（ＮＰＯ）を支える社会的基盤がまったく整備されていない。こうしたことを考えるとある意味、先駆的なチャレンジなのである。このためワーカーズ・コレクティブは、自らの事業の社会的意義が政治的・社会的に広く認知されるように訴え、税制上の優遇・補助金の交付等の公的支援、寄付・基金等による支援を求める運動を今後、積極的に展開することが必要であろう。

来るべき超高齢社会を見据えて

公的介護保険制度と「参加型福祉」の役割

実感されていない人生八〇年時代

公的介護保険制度の「介護保険法案」が一九九八年一二月の国会で可決され、二〇〇〇年四月から介護保険制度がスタートし、サービスが実施されることになった。

しかし、景気低迷が長引くなか、不透明な経済の行く末や政治不信など国民の社会的な不安は頂点を究めている。それにしても公的介護保険制度は、早くから日本の高齢社会の基本政策として議論の俎上に上げられてきたのに、決定の段階ではほかの政治課題に優先され、マスコミなどの扱いも横にそらされてきた経緯がある。

以前からこの制度のあり方に疑問を呈してきた人たちは、「社会的入院」を克服し「介護の社会化」を推進できるのか。その認定の基準や方法、サービス単価などに疑問を持ち、さらに特別養護老人ホームなど関係する団体は、新制度における運営に必要な経費（処置費）などの捻出に不安を募らせている。だが、一般的に多くの人びとは言葉として公的介護保険制度（以下、介護保険制度）を耳にしても、その中身・内容についてはほとんど理解していない状況にあり、いまだ他人ごととしている人が多い。〝高齢化社会〟も、流行り言葉のように使われているが、その社会的影響や因果関係などには漠とした認識しか持ち合わせていないといえよう。本章では介護保険制度への私たち生活者・市民の側からみた問題点、要求、課題などを取り上げてみたい。

日本の社会は私たちが気づかないうちに「高齢社会」になっていた。「高齢化社会」ではなく〝化〟の取れた「高齢社会」である。この規定は国連の提示によるものだ。九五年に国連では、六五歳以上の人口比率が七％を超えた国を「高齢化した社会」、一四％以上となった場合は「高齢社会」と分類を提示したのである。この年、日本で実施した国政調査では、日本の総人口が一億二五五七万人。うち六五歳以上は一八六〇万人で、高齢化率は一四・八％であった。つまり「高齢化社会」を通り越してすでに「高齢社会」に入っていたのである。ちなみに先進諸国の六五歳以上の人口が七％から一四％にいたる速度は、イギリスと旧西ドイツがともに四五年、スウェーデンが八五年、フランスは実に一三〇年であった（アメリカはいまだ達していないが、一四％になるには八五年かかって二〇一五年に達すると予測されている）。これに対し日本は、なんと二四年。いかに異常な速さで高齢社会に突入したかがよくわかる。

それとともに気になるのが人口構成である。厚生省の九七年人口動態統計では「晩婚晩産」がさらにすすみ、一人の女性が一生に産む子どもの数は史上最低の一・三九人に減っている。こうした傾向のもと、いまから約三〇年後の二〇二五年には高齢化率が最高となって二五％を超え、要介護状態の発生率が高くなる後期高齢期である七五歳以上の構成も一四％を超えると予測されている。

図⑤　先進諸国の高齢者人口割合および将来推計

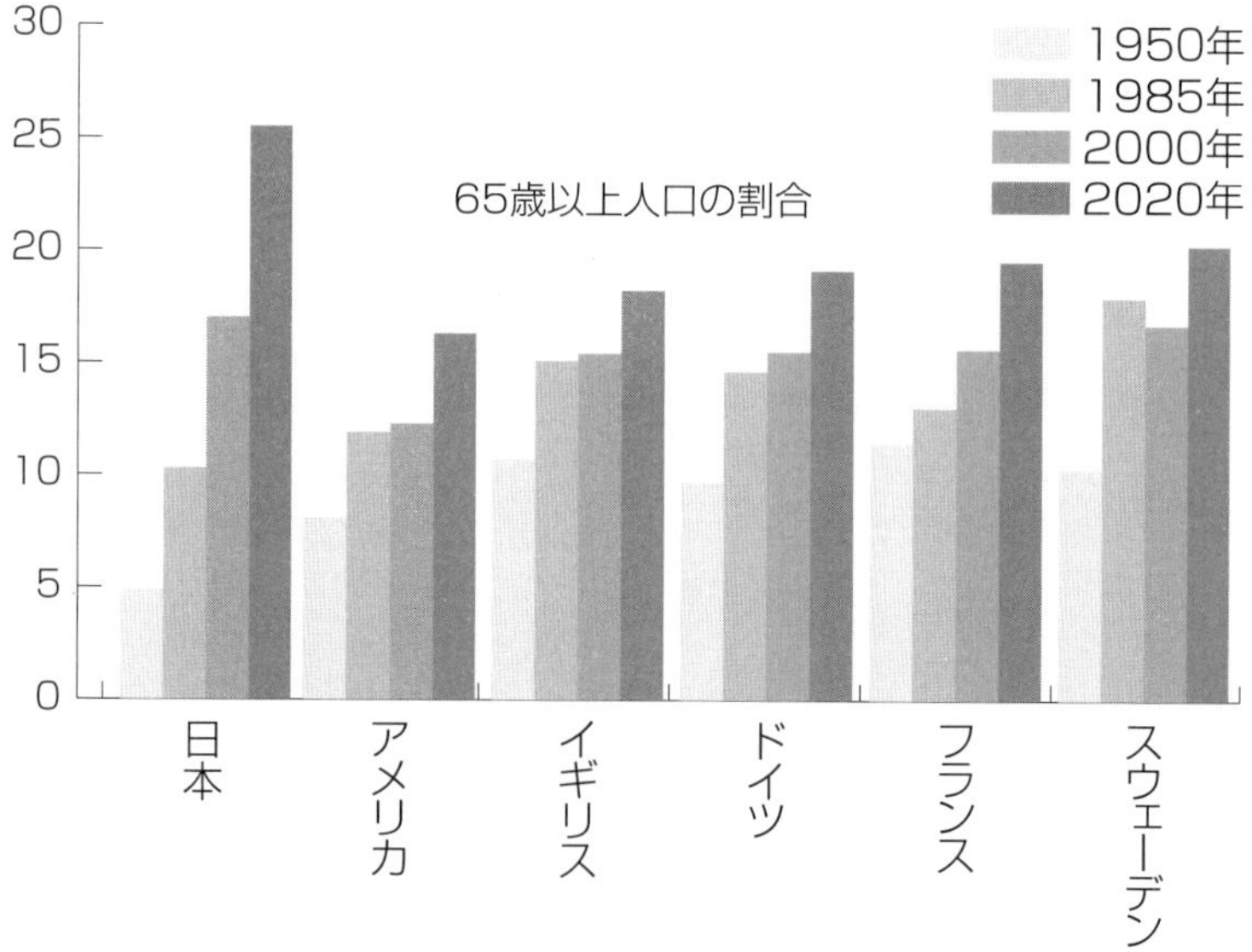

表②　先進諸国の人口高齢化速度の比較

国　　名	65歳以上人口		7%から14%までの所要年数
	7%	14%	
日本	1970年	1995年 (1994年)	25年 (24年)
アメリカ	1945年	2015年	70年
イギリス	1930年	1975年	45年
旧西ドイツ	1930年	1975年	45年
フランス	1865年	1995年	130年
スウェーデン	1890年	1975年	85年

表①・②出所　厚生省

そして、何よりもこの状況に直接向かい合うのが現在、四〇代、五〇代の人たちなのだ。

実はこうした厳しい行く末について当事者である四〇代、五〇代の人たちに問いかけても、「自分には当面、関係ない」「私は福祉の世話なんかにならない」と決めつける人が依然として多いことに驚かされる。その人たちはどうやら「人生六〇年」的な時代認識から抜け切れないでいるようだ。だが日本の社会は明らかに「人生八〇年型社会」なのである。六〇歳からの平均余命は、男性が約二〇年、女性が約二五年となっているのである。

ここで、「人生六〇年」時代の大正期にさかのぼって、いまの人びとのライフサイクルを比較してみよう。

第一に、女性の出産期間では大正期の一四・七年に対し、現在は四・五年。子どもの扶養期間では大正期二七・三年に対し、二三・〇年と子づくりが少なくなったぶん、期間が短くなっている。第二に主として男性の定年後の人生だが、大正期が六・一年に対し、現在は一七・二年と約三倍近く寿命が伸びている。大正期は、この六年近くが、いわゆる余生とされ、人生をそれなりに送ることができたが、いまやそのような悠長な時代ではない。なかには第二の人生の出発として新たな仕事に就く人もいるが、男性の多くは得意な会社人間から不得手な地域・家庭人としての生活を長い期間、送らなければならない。第三は、老親扶養期間である。大正期五・三年だったのが、現在はなんと二〇・三年にも伸びている。大正期は性差別としての女性の介護が中心であったかもしれないが、五年間そこそこの親の介護には家族の助力を含めた家庭内介護に頼ることもできたであろう。だが、子育てと親の面倒は〝妻の仕事〟とする人生六〇年型の認識はもはや非現実的である。二〇年におよぶ老親扶養を、とりわけ都市型社会において介護の必要な親の面倒を家庭内で済ますことが厳しい状況になってきている。

こうした実態をみるにつけ高齢期の生活は、とても〝余生〟などとはいえない。まさに第二の人生なのである。第二の人生は心身機能の衰えを自然の摂理として受け止め、上手に付き合いながら、どう豊かに暮らしていくかが大切である。「私は福祉の世話にはならない」と突っぱねた主張は、実のところ非現実的な認識、観念であり生活態度といえよう。また一方、公的機関に頼り「税の還元を受け取るだけ」の〝施し福祉観〟の持ち主では、壮年期とは異なる第二の人生を自分らしく生き抜くことは難しい。国も少子高齢化社会に対応するために福祉政策を転換し、介護保険制度を取り入れ、二〇〇〇年四月よりスタートさせることになった。しかし、高齢者の一〇％から一五％しか適応できそうにない。介護保険制度は介護問題の解決の「打ち出の小槌」とは、残念ながらなり得ない。人びとの認識が人生六〇年の時代認識から脱し、人生八〇年を展望、俯観しての生活設計へと意識変革がなされないかぎり、介護保険制度がどのように構築されようとも、決して使いやすい「生活の用具」とはなり得ないであろう。

生活価値観の転換と介護の社会化を

なぜ介護保険が使いやすい生活の用具になり得ないのか。世間には介護保険などには頼らず〝金さえあれば〟大丈夫と思っている人も大勢いよう。これまで福祉は行政による〝施し〟の生活保護サービスとして捉え、日常生活上で自分の問題として考えてこなかった人もいよう。さまざまな考えの人たちが、親の介護、自身の老後に直面してから、いざ辺りを見渡してみても「使えるサービスや施設がない」「金があっても自分に必要なサービスがない」。また実際にサービスを受けてみると、公的福祉サービスの画一性と制限の多さ、さらには高価すぎて長期使用を断念せざるを得ないシルバー産業の施設利用やサービス、といった実態に愕然とすることになる。現実に老後のために貯えた貯金を元手に高額な入居金を支払って入居した有料老人ホームが、バブル時代の放漫経営のツケで突然倒産、行き場所を失い途方に暮れる人びとのニュースもしばしば見かける。

利用者つまり福祉サービスを受ける対象となった当事者の立場で用意する「福祉サービス」は、施しでも特別なものでもない「生活支援サービス」であり、地域社会で人びとに、その価値を交換し続けることが幸せの補償でなければならない。人生八〇年を人が人として日常生活を当たり前に過ごし暮らすための支えでなくてはいけない。そうした視点から私たちは公的介護保険制度の議論が持ち上がった当初から、生活者・市民からの視点や条件などを提示してきた。だが、その内容に触れる前に、話をいま少し戻し、解決すべき課題について述べておきたい。

人生六〇年型の思考の背景には、当然ながら戦後の財閥解体、産業資本再形成、エネルギー政策転換を足場に重厚長大の産業振興をはかり、高度経済成長を成し遂げ、大量生産・大量消費の社会システムを自生してきた。社会の変転、またその理念は、物質文明を豊かさのモノサシとした商品経済社会の論理と価値観にあった。また都市部への人口集中は男性を企業戦士化させるとともに、（大正期とは異なる）新たに大量な専業主婦層を創出、男は会社・女は家庭の固定観念を確立した。端的に言えば、主婦とは「主人に仕えて家庭のなかを切り盛りする婦人」であり、消費者は「商品を買う能力を持つ人」で、生活の価値はモノの所有にあった。そのアイデンティティは高度経済成長期を経て七〇年代までは、いわばマルチタイプの「他者の持っているものが欲しい」との欲求に貫かれていた。それが、八〇年代になって、「他者が持っていないものが欲しい」との個性化、分化化優先に変化し、この消費の個性化は、大量生産から多品種少量生産へと生産構造やシステムを組み替え、今日に至っている。それと合わせて学校教育をはじめとする生活全般のサービスを買い求める商品への依存の習慣化が進んだ。また、家庭内労働の性別役割分業は残されつつも、個人資源を上手に活用した女性たちの社会的進出が近年増えている。

今日さらに消費の形態は多様化され、女性の働く理由、地域での活動なども一定程度、自分の自由な意志の表現となってきている。老親との関係においても表面的には、女性の家庭内ヘルパー化は、時代遅れとさえ見られる。だがそれは表層的なもので現実は異なる。老親の世話、家庭内介護の必要性に迫られると多くの場合、依然として家庭への引き取りや新幹線介護、退職など、女性が家庭内ヘルパーとして呼び戻され、過重な負担を強いられている。やむを得ない社会状況があるとはいえ、そこに垣間見られるのが六〇年型の生活観の残像である。この人生六〇年型の発想は、個人的・家庭的範疇だけの問題ではない。日本の社会構造が大きく変わっているにもかかわらず、各種社会制度のあり方は旧態依然のまま現状から大きく立ち遅れていることを認識すべきであろう。ここでは「介護の社会化」に結びつけて照射してみたい。

その一つに、婚姻した女性は専業主婦であることを前提とした税金制度や年金・保障制度がある。家庭における主婦・女性は子どもたちと同じく被扶養者の立場に置かされている。日本の社会は、雇用労働を価値とし、家庭内労働などシャドーワークを非生産的価値と見なしてきた。内職・パート労働、そして自分のための労働に女性が就く場合、多くの男性が被扶養者を逸脱しない水準以内なら認め、配偶者が税金の支払い対象となる場合は認めたがらない。この男性主導の制度の社会化は単に経済性だけでなく、長年の税制下で生活し慣習化された社会的見栄などを原因としているとの調査データもある。むろん、税や年金の制度がすべての原因とはいえないが、長期にわたり性別役割分業を固定化し、「家事・介護」労働の価値を不当に歪めてきたことへの影響は否定できない。

人生八〇年型に入っている現在、一人暮らしや高齢者のみの世帯は急増している。同時にそれは

「家事・介護」労働が、家庭内では賄えない階層が急増していることを意味する。このような状況に対して、私たちはシャドーワーク（影の労働）またはアンペイドワーク（無償労働）として家の中に閉じ込められてきたサービス（労働）を社会化し、事業化させていくことが緊急な課題であると考える。つまり「家事・介護」サービスを社会化し、非営利協同の市民事業として法・制度化していくことである。

生活クラブ運動グループの実践は、近隣地域社会で目に見える形で「家事・介護」サービスを起点に、デイサービスセンターをつくり、たすけあい、支えあい福祉の試行錯誤をしてきた。こうした実践を広げ「家事・介護サービス」を国民的ニーズに高めることで、それらが社会保障の枠組みとして応えられることか、または市場に任せるべきものかといった政策上の議論が、より現実的課題になることも期待している。

もう一つは、高齢期における住宅確保についてである。これにも大きな政策転換が必要である。これまで日本社会が進めてきた「持ち家政策」の基本原理は、よく働いた人生のご褒美としての「自分の持ち家」ではなかっただろうか。しかし内実は結婚後、子育てがある程度落ち着いた頃から家探しをはじめ、後は人生の大部分を過重な住宅ローンの支払いに汗水垂らして老後を迎えるといった、諸外国とは比較にならない負担を押しつけてきたのが日本の住宅政策である。したがって建て替え、買い替え、あるいは住み替えが困難なため、子どもたちが自立した後の大きな古家に老人たちが住むミスマッチが多い。年老いてからの生活の利便性を考えた自分の持ち家をつくることなど、考えることすらなかったというのが、これまでの実態であろう。しかし、人生八〇年時代には、年老いてからの〝暮らしやすい住まい〟の確保が是非とも不可欠となる。そのためには「介護の社会化」と並行する形で高齢者の住宅政策についても、生活の保障の視点に基づき〝所有に価値〟

を置いた住宅政策から〝老後の使用に価値〟を置いた政策に大きく転換していくことが必要と考えられる。

そうした政策の転換を求める非営利協同の事業として、生活者・市民からのオルターナティブな発想による高齢者住宅システムの具体的提案が、福祉クラブ生協でつくられ実践されている。それは「ケア付き・使用権付き・住み替え可能」な住システムである。そのタイプとしては街中型、郊外型、田園型の三つがあるが、街中型を例に考えてみよう。子どもたちが自立し、お年寄りだけが住む住宅は、その空間や機能が住む人のニーズと合わなくなってくる。それら古くなった住宅を協同組合などと提携して等価交換方式を前提に建て替える。たとえば一階に地権者が住み、二階は共同の居間を持ったマンション風の部屋が数戸、三階は近隣のお年寄りが集うスペースで、全体は「老稚園」がイメージされる。さらにはミニデイサービス機能も考えられ、全体のコーディネートは在宅福祉ワーカーズ・コレクティブが当たる。そうした住いのデザイン・設計は、市民起業家たちが中心に進めるといった構想などである。そのモデルとして九九年五月に鎌倉市内に「Ｄａｙいしだ」が第一号としてスタートしている。

公的介護保険制度をどう考える

この項では、介護保険制度に当初から生活者・市民の立場からの提言と論点を投げかけてきた小川泰子生活クラブ運動グループ福祉協議会会長（現「ラポール藤沢」施設長）と、横田克巳福祉クラブ生協理事長に介護保険制度の問題点について語ってもらう。対談は、九七年一二月一〇日に介護保険制度が国会で可決された直後に行なわれたものである。

日本の福祉の三層構造

横田　厚生省を中心とした国によってシステム設計された介護保険制度が法律化され、二〇〇〇年四月に制度がスタートすることになりました。福祉とは本来、人びとの幸せを意味しますが、このシステムがはたして人々の幸せをめざして設計されたものなのか、あるいは国の幸せを目的に設計されたのかが問題とされてきました。結局は国の財政支出を抑えて四〇歳以上ですが、国民皆保険的イメージの制度となりました。しかし、施行に当たっては、サービスの受給者は市民で提供者は自治体と比較的身近な関係となる。つまり国により法律は作られたが、保険機構としての権者は自治体であり、そこから福祉サービスが提供される。そうした三層構造の一層目、国が動き出したところが現状です。

この間、福祉の現場サービスについては、サービスを供給する機能と人びとのニーズとの関係性をどう制御すべきか、そこに発生する問題から論じられるのが普通なのに、いくらお金がかかり、国の負担をいかに軽減するか財政面ばかりが論じられてきた。

問題は保険料収入の使い道が不明瞭なことです。福祉関係者もそこに不安を抱いています。たとえば、保険料収入の分、従来の福祉財源が増えるわけですが、どこかで手抜きされると、遅れている施設整備がすすまず、「保険あって介護なし」の可能性が存在します。われわれ市民から見ると、ここに日本の政治のアカウンタビリティの弱さを感じざるを得ません。

横田克巳福祉クラブ生協理事長

公共事業として道路整備五カ年計画の財源は、これまでの七五兆円から、新たに国家予算一年分を上回る七八兆円となった。仮りにそのうちの三～四兆円を毎年福祉財源に回せれば、多くの人びとの多くの課題解決に結びつくはずです。それなのに公的介護保険制度へのアゲンストが弱いのは、人びとが老後の生き方、幸せの追求に対する社会的目標や要求・課題、そして具体策を見い出し得ないことにある。個人の預金や保険に頼っても、あるいは家族に依存しようとしても、将来に対する漠とした状況とクロスできず、福祉の専門家も含め国発の介護保険制度を待望せざるを得ないような状況が、この間のアゲンストの弱さの背景にあると思うのです。

　こうした国・自治体・市民の三層構造の中に見えるギャップの大きさを実感したため、公的介護保険制度の話が持ち上がった時点でその施設の困難を予測し、われわれは非営利協同の「参加型福祉」を現場から問題提起をしたのわけです。

小川　国会で可決されたとき、一部の人たちから「これは増税である。保険があってもサービスがない」との声が起こりましたが、それは入り口の時から言われていたことです。以前、細川内閣のときに消費税に代わる福祉税構想が出されましたが、これこそ使い方が示されなかった。そのときのイメージをダブらせている人もいますが、それは違うと思います。使い方の有無は別として、少なくとも介護に使われることは明らかであり、新たな制度として使い方と目的の両方をにらんだ取り組みを進めて行くべきだと考えます。また問題とされるサービスの量の確保については、二年ほど前の制度に対する公聴会がもたれた時期と比べて見ても、自治体はまだ本気になっていません。あの時点では自治体も老人保健福祉計画を策定、推進しながら、ヒアリングを含めたニーズ調査を行ないました。しかし、その後は具体的な必要サービス量の数値、サービス供給の策が示されず、制度づくりの進捗状況も明らかにされていません。それが現在、制度に対する合意形成の基本を忘れ、コーディネーターやケアマネジャーの資格制度化やその育成に走り、どのような利用者へのサービスを提供しようとするのか、介護保険制度の公正な実現へのマネージメントの不十分さが危惧されます。

　ところで、横田さんはわたしたちに過去、二度にわたり公的介護保険に対する提言をしています。最初の提言は、横田さんが介護の現場をイメージしてコーディネートやサービス提供のあり方の基本に「現場ユニット」のフローを示す内容、二つ目は公と非営利市民事業との事業提携に対する契約のあり方というものでした。しかし、最初に出されたときは、まだ公的介護保険制度が具体化されていない時期で、市町村などの行政も市民レベルの人たちも、国の動きに顔を向けていて、ほとんど無視された状況でした。唯一、厚生省介護対策本部の一部の人たちが、その意味するところを理解していたと思います。ただ彼らにとっては、提言の基本的なスタンスともいうべき「保険金は納めてもよい。ではどのようなサービスを……」

小川康子「ラポール藤沢」施設長

新高齢者システム現場イメージ

1.現場ユニット概念

1）ケアマネジメントする領域および拠点は、ゴールドプランにある在宅介護支援センター1万カ所およびデイサービス施設とのセットを前提にメッシュ化して配備する（対象人口1～2万人）。

2）ケアマネジメント拠点は、福祉・保健・医療の専門（家）チームおよび事務局が「現場ユニット」とサービス供給主体とのコーディネート機能を担う。

①マニュアルに基づき要介護認定およびケアアセスメント、ケアプラン、サービス供給業務対応を図る。

②「現場ユニット」にはケアマネジメントの公平性、安全性、迅速性などを制御できるユニットマネジャー（トレーニングされた公務員）を配置する。

③複数の「現場ユニット」を制御するゼネラルマネジャーを配置し、保険に関わる制度管理およびセカンダリーな要請（医療、特養、リハビリ、ショートステイ施設等の利用調整）に対応する。

3）「現場ユニット」の専門（家）チームは、ユニットマネジャーのもとで役割分担をはかりながら、合議によりケアプランの実行をコーディネートし、サービス供給主体との契約に基づきマンパワーを組織する。実行結果を点検し、ケアプランの修正、再対応を図る。

4）ユニットマネジャーは専門（家）チームの有効な分業と協業を促し、各種サービス供給主体との業務量および質を調整し、多様なニーズへの対応を図り、二次的対応を調整する。

5）「現場ユニット」は、単位領域から選ばれた地域福祉推進委員会（福祉議会）とオンブズマン機能を設け、ケアマネジメントの全体を把握し、介護保険制度の利用者を代表してチェックし、保険機構に提言する。

6）ゼネラルマネジャーは、訓練された公務員から任命され、その役割は地域的福祉・保健・医療の資源を公正な立場から活用し、マンパワーの育成・参加（労働）の偏在を調整し、財源の有効な配分調整に寄与する。

7）「現場ユニット」整備によるケアマネジメントの確立には施設整備が前提となる。施設整備は在宅ケアの可能性を拡大するとともに、コミュニティワークによる「たすけあい」（貨幣で買えない価値の生産と共有化）を促進して高齢者・障害者の価値を高める。

図⑥　現場ユニット関連図

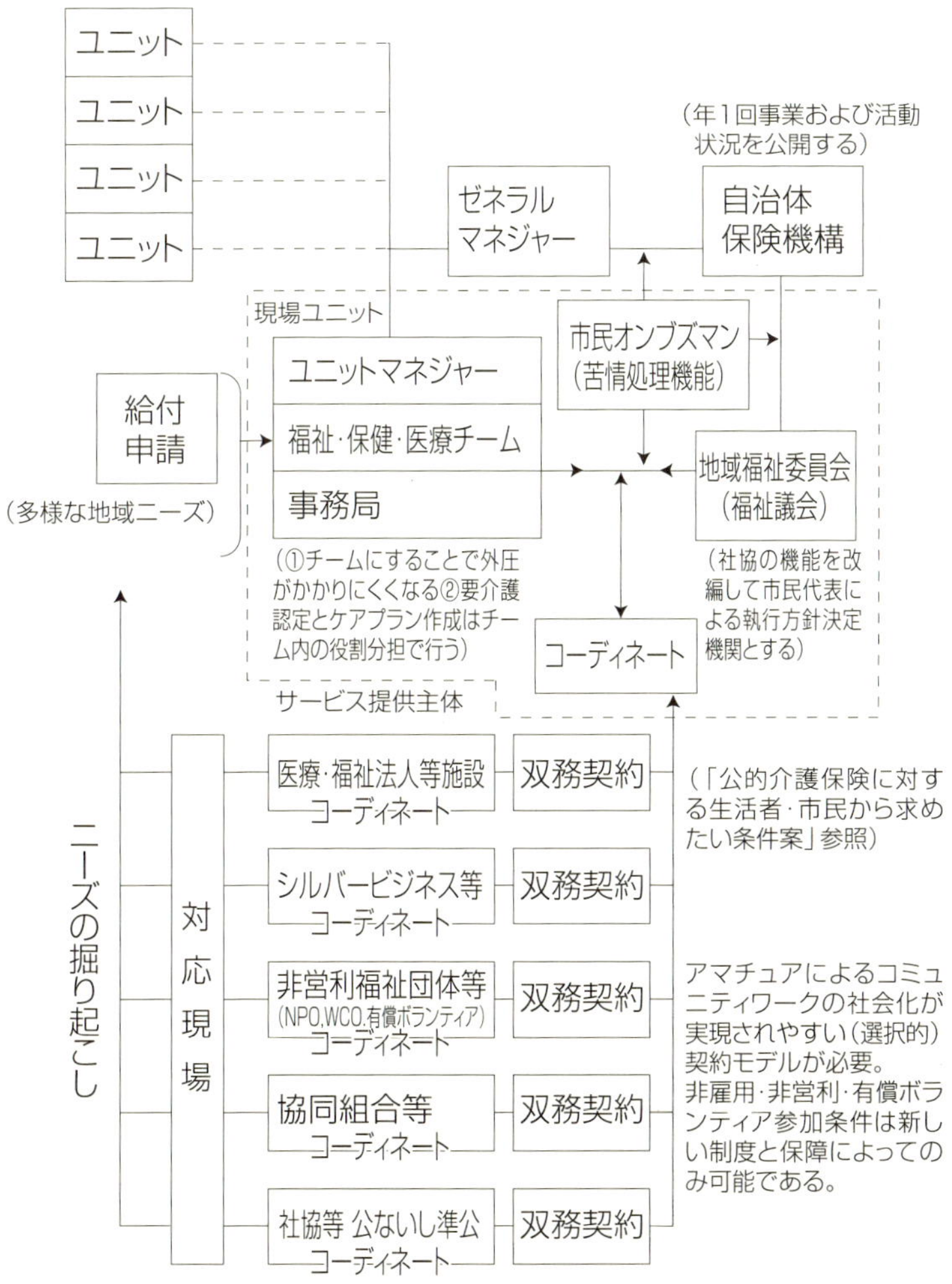
ユニット
ユニット
ユニット
ユニット
（年1回事業および活動状況を公開する）
ゼネラルマネジャー
自治体保険機構
現場ユニット
市民オンブズマン（苦情処理機能）
ユニットマネジャー
福祉･保健･医療チーム
事務局
給付申請
（多様な地域ニーズ）
地域福祉委員会（福祉議会）
（①チームにすることで外圧がかかりにくくなる②要介護認定とケアプラン作成はチーム内の役割分担で行う）
（社協の機能を改編して市民代表による執行方針決定機関とする）
コーディネート
サービス提供主体
ニーズの掘り起こし
対応現場
医療･福祉法人等施設コーディネート
シルバービジネス等コーディネート
非営利福祉団体等（NPO,WCO,有償ボランティア）コーディネート
協同組合等コーディネート
社協等 公ないし準公コーディネート
双務契約
双務契約
双務契約
双務契約
双務契約
（「公的介護保険に対する生活者･市民から求めたい条件案」参照）
アマチュアによるコミュニティワークの社会化が実現されやすい（選択的）契約モデルが必要。
非雇用･非営利･有償ボランティア参加条件は新しい制度と保障によってのみ可能である。

というような運動展開に同調することは絶対避けたいところだったから、そのことには敢えて触れないでいたようです。それがいま、やっと議論になりつつあるのが現状です。

もう一つの提言である「現場ユニット関連図」（図⑥参照）は、多くの非営利福祉団体や福祉サービスの人たちが、公や中央によってコーディネートされる関係しか考えず、身近なところにコーディネートする権利をもった発想をしてこなかったから、いまでもイメージを具体化することはできないのではないでしょうか……。逆に私たちがこうした試論を提起できたのは、ワーカーズ・コレクティブを中心としたさまざまな福祉サービスの実践の蓄積があったからです。そして、いま改めて福祉サービスの現場から生活支援サービスのあり方の議論を進めなければならない時期がきたと思っています。

実際に介護の申請がされてからサービス提供がなされるまでの多くの当事者間の手続きをどうするか、これまでの実績をもとに議論すればかなりリアリティのある生活者・市民からの提言ができると確信しています。ただし、いま、その議論をどの範囲、規模ですすべきかも大切な問題です。とはいえ、これまでの市民福祉活動の中では市民サイドに立ちながらも、腹立たしいほどに福祉を差別的に捉える無理解や福祉にたいするイメージの貧困さがあったりしています。そんな人たちと地域でたたかいをしてきたことも指摘しておきたいのです。急速に訪れる日本の超高齢社会にだれがどれほど真剣に考えているのか、自らが政治に参加したり働きかけたりして、つくり・変えることよりも、依然として国による施しの福祉に期待し、要求するだけの姿勢が、まだ圧倒的なのです。

そのように考えると、多くの場で介護保険制度への反対の声が聞かれます。私は、個人的にはそれに替わる方法が見い出せなかった以上、ベストでないにしても「条件付き賛成」と言うところです。そして二〇〇〇年の導入までに保険制度の内実をつくっていく主体は、行政や自治体よりも保険金を支払う自分たち市民であるとの認識を持つ人びとであることを言いたい。それは介護保険の質と量を規定づける点で、現在のもっとも大きな一貫した運動課題であるといいたい。同時に、これまで福祉にかぎらず、社会・経済的諸制度に関心の薄かった人びとが介護保険制度で保険金を支払うことによって、福祉のあり方に関心が強まり、さらに「参加型福祉」の担い手が生まれることを期待しています。

ノーマライゼーションの実現を

横田　確かに介護保険制度は、善かれ悪かれ人びとが自分の運命について語り始めざるを得ないという側面を持っています。ただその場合、動かし難い縦型情報社会や管理型社会のいうなりになるのか、自分や家族たちが住み暮らすコミュニティに、より実質的なたすけあいを可能としていくのかが争点となるはずです。日本のマス化した産業化社会はフォーディズムが浸透していて、情報操作をもとに問題解決を他者依存型になるよう画一化が図られてきました。これは、貿易立国として成功してきたことの特徴です。この産業経済システムの合理性は、利潤および生産者原理に基づいて進められてきました。

しかし、福祉は人間が人間に対しての生存行為であり、従来の原理や生産システムは通用しない面白さがある。それは生活の全般を商品化し、人間をモノ化してしてきた生産側＝上からの産業化社会のシステムと異質なものだからです。福祉システムの場合は、発生するニーズが先にあり、一人ひとりそのニーズは異なり実に多様です。

介護保険制度がスタートする二〇〇〇年までに「参加型福祉」がどこまで新しい混沌とした状況

にコミットできるのか、私は「参加型福祉」の言い分がますます高まるチャンスと見ています。仮りに「福祉合理性」という概念が使えるとしたら、その概念は人に対して死ぬまで、あるいは死んでからでも価値ある存在として認め合い、人間的なケアをすること、あるいはノーマライゼーションの実現を意味するものだと思います。

ノーマライゼーションの実体とは、福祉サービスにおける供給者と受給者の多様な相互関係であって、お金を先に用意するのではなく、ニーズを正当にフォローアップし、それに対応したサービス供給をコントロールすることにつきます。つまり、自分たちの地域で福祉サービスをつくり出す目的は、対象であるニーズが片方にあり、それを実際にマネージメントしていくためには、自分が元気なうちにまず何らかの生活支援サービスの供給者として参加するというものです。今、働きに対して決済するお金の額を決めておけば、いずれ受給者となったとき、その価値が回って受け取れるとの考えで、ノーマライゼーションの実現は「参加型福祉」が核になるといえるでしょう。

小川　「現場ユニット関連図」の内容をもう少し補足しますと、現状の福祉サービスは、申請をしてからサービスを受けるまで、手続きがすべて長い縦軸になるため時間がすごくかかります。介護保険も最初から同じようなことが想定されます。そこで手続きの時間的な面からも、ユニットはより小さいほうが良いということがいえます。また現在は、非常に閉鎖的な中でのサービスの決定と提供がなされていて、受け手は権利としてではなく、税金によって福祉を施されていると考えてしまい、一方的に弱い立場になります。

しかし、今度は保険制度ですから権利内容をきっちりチェックし、プライバシーを配慮した公開性の確立を制度化することが大切です。プロの当事者だけでなく市民が中に入ったチェックアンドバランスのシステムや苦情処理機構が、市民の「生活用具」になるためには大きな意味をもってきます。今まで福祉サービスの供給は、医療業界のリーダーシップが強くコントロールをしてきているのに対し、介護保険の生活支援サービスは受給者に社会の側が合わせていく介護サービスがすべてであると思っています。つまり普通に日常生活をする視点から、マネージメントや契約プランの作成に当たってのコーディネートは、医療や保健の視点だけでなく福祉、保健、そして最後にメディカルケア手順の逆点が必要であることを、ぜひ示していくべきと思います。

横田　そのことを今回の介護保険のシステム設計と併せて考えてみると、ゴールドプランでもニューゴールドプランでも言われていた「在宅介護支援センター」を、日本をメッシュにして一万カ所つくり、福祉のコントロールセンターにする計画が設定されていました。平均して一センター、一二、〇〇〇人。これは従来の行政体でみると中学校区域の一～二万人単位でのエリアとほぼ同じです。私たちはその単位を福祉が合理的に行き渡り、自治型の地域社会を形成できるという意味で「福祉区」と呼称しようと考えました。ところがニューゴールドプラン以後、その展開がまったくなくなってしまった。北欧では在宅介護支援センターを地域自治の単位とし、あらゆる福祉の機能を完結させていく概念の形成が当たり前になっているのに、日本はなぜか踏み込まない……。

小川　結局は、マンパワーの部分のお金が全部、問われてくるからでしょう。

横田　そこまで踏み込まずに、横浜市のように一〇〇カ所メッシュ的に作ります、となる。まさに建物メッシュであってポリシーなし、福祉自治区などの発想はまるでないのです。私たちが提起したことでいえば、福祉区をつくり、「地域福祉委員会」（図⑥参照）に「自分たちの地域はどのような福祉をするのか」という意志決定と、執行の方針を決める「福祉議会」としての機能を持たせたい。そうすれば自治体の社会福祉協議会（社協）は必要なくなります。

小川　本来、社協が生まれた契機は地域福祉のサービスを確保し、該当する人に福祉を提供することにあったわけですね。しかしいま、社協に求められているのは福祉に関する議会的能力を持つことに変わってきていると思うのですが、実態は調整ばかり。それも踏み込んで行政と対立してまでも市民の代弁者たらんとすることはまったくない。ですから、本当なら社協はいらないとも考えられますが、私たちの提案では、社協が福祉の専門家として通常の議会や行政に対して市民の代弁者になってもらいたいという希望を込めています。もっとも社協には大変な金額の税金が投入されていますから、その使途に対しても問題提起をしていかないと否定ばかりしてもいられない側面もある。

横田　ともかく一般の人たちにこの現場ユニットの理解を求めるには、現状の福祉の問題点をあげつらうことが必要です。図⑥のように給付申請の矢印の先には、ユニットマネジャー・福祉、保健、医療チーム・事務局となっています。その理由を、ここでは二つしか触れていませんが、これまで実践してきた「参加型福祉」の多くの事例、経験が凝縮されたものであり、これまで福祉に携わってきた人をはじめ、一般の人たちとのさまざまな議論、討論の場を設けてほしいものです。たとえば福祉・保健・医療の専門家たちがチームを組む必要性を現状批判と併せて説明すれば、これまでの実態がバラバラであること、本当に必要な専門家同士が同じ目線での連携になっていないことが理解され、何のためにユニットマネジャーと事務局を置くのか、それがユニットの特性であるという理解も深められていくはずです。

図⑦　介護保険制度の概要

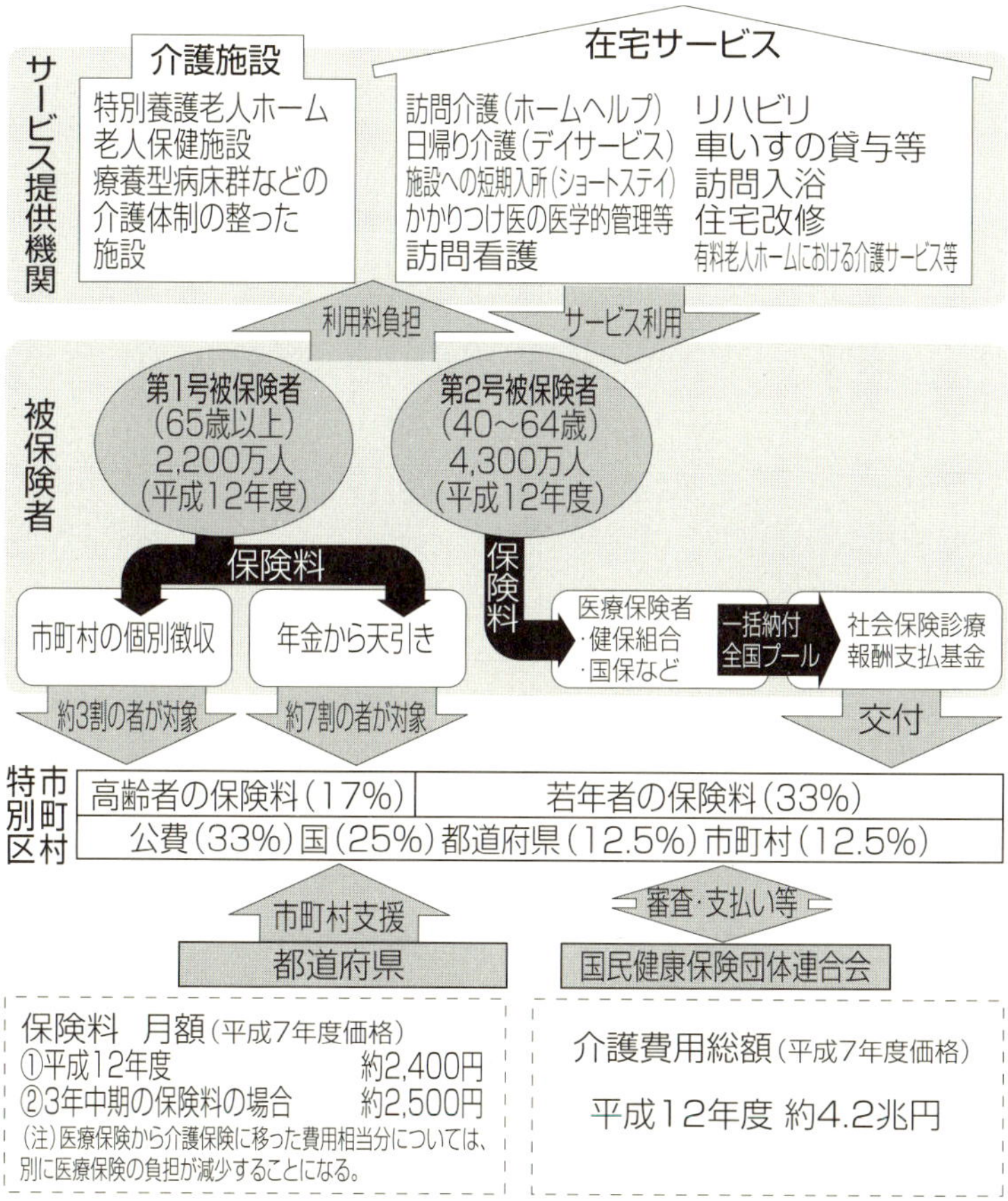
サービス提供機関
介護施設
特別養護老人ホーム
老人保健施設
療養型病床群などの
介護体制の整った
施設
在宅サービス
訪問介護（ホームヘルプ）
日帰り介護（デイサービス）
施設への短期入所（ショートステイ）
かかりつけ医の医学的管理等
訪問看護
リハビリ
車いすの貸与等
訪問入浴
住宅改修
有料老人ホームにおける介護サービス等
利用料負担
サービス利用
被保険者
第1号被保険者
（65歳以上）
2,200万人
（平成12年度）
第2号被保険者
（40〜64歳）
4,300万人
（平成12年度）
保険料
市町村の個別徴収
年金から天引き
保険料
医療保険者
·健保組合
·国保など
一括納付
全国プール
社会保険診療
報酬支払基金
約3割の者が対象
約7割の者が対象
交付
市町村
特別区
高齢者の保険料（17%）
若年者の保険料（33%）
公費（33%）国（25%）都道府県（12.5%）市町村（12.5%）
市町村支援
都道府県
審査·支払い等
国民健康保険団体連合会
保険料　月額（平成7年度価格）
①平成12年度　約2,400円
②3年中期の保険料の場合　約2,500円
（注）医療保険から介護保険に移った費用相当分については、別に医療保険の負担が減少することになる。
介護費用総額（平成7年度価格）
平成12年度 約4.2兆円

《参考》

公的介護保険制度に関する基本的な論点

1. 公的介護保険制度の目的と役割をどのように位置づけるか

①高齢者の自立支援

②高齢者の選択と利用者本位のサービス提供

③高齢者にとって利用しやすいサービス利用手続き

④ニーズに対応したサービスの拡充と長期的な安定した介護費用の確保

⑤サービス利用手続きや利用者負担等の不合理な格差の是正

2. 給付をどう考えるか

①給付されるサービスの内容

在宅サービスの範囲

施設サービスの範囲

家族介護の評価

②サービスの利用手続きをどう考えるか

③保険給付の決定

要介護認定はどのように行なうのか

要介護認定基準はどのように設定するのか

④ケアプランの作成・実施
ケアプランの作成・実施はどのような態勢で行なうのか

3. 被保険者・受給者をどう考えるか
①高齢者による同世代の連帯をどう考えるか
高齢者の範囲
②高齢者と現役世代の連帯をどう考えるか
現役世代の範囲
③若年障害者の位置づけをどう考えるか

4. 費用負担をどう考えるか
①保険料負担をどう考えるか
水準
算定方法
徴集方法
②現役世代の保険料負担をどう考えるか
現役にとってのメリット
世代間連帯
③事業主負担をどのように位置づけるか
高齢者介護問題における事業主の立場
事業主負担をどう位置づけるか
・保険者、保険料のあり方との関連

・制度から受けるメリット
④公費負担をどのように位置づけるか
社会保険制度における公費負担の役割
現行の介護関連制度との均衡
保険料負担水準等との関連
⑤サービス利用者の利用料をどう考えるか
サービスを利用する人と利用しない人との公平
適正な利用を妨げない水準の設定
不適当な利用（モラルハザード）の防止
関連する他制度との均衡

5. 保険者をどう考えるか
①高齢者介護における市町村の役割をどう考えるか
老人保健福祉計画等との関連
保険数理上の適正規模（被保険者数）との関連
適正な事務体制の確保との関連
②地域間の格差をどう考えるか
サービス基盤、人口構造、所得水準の格差
③保険財政の長期的な安定運営をどう確保するか

6. 老人保健制度、医療保険制度との関係をどう考えるか

地域福祉への協同組合の役割

「参加型福祉」のシステム

「参加型福祉」という言葉は、まだかぎられた範囲でしか使われていない。しかし、公的介護保険が具体的にプログラム化する過程で、徐々にではあるが関心を持たれつつある。とはいえ、「参加型福祉」の概念が当たり前に使われる社会状況を作り出さないかぎり、超高齢社会に生活者・市民が主体的に福祉に向き合う自律性の高い市民社会は訪れないであろう。

生活クラブ運動グループは、地域で多様な「参加型福祉」の実践を重ねてきた。その「参加型福祉」の運動に取り組む基本的な視点は、①地域に根ざした身近なたすけあいによる福祉づくり、②自立と暮らしを支えあう基盤づくり、③共に生きる地域社会づくり、である。そのための「参加型福祉」のシステムは、概略次の四点に整理される。

①人びとが個人資源（いくばくかのお金・知恵・労力・時間）を拠出し合い、生活者個々人に根ざす諸々の生活課題を解決するため、社会的・地域的運動と事業への直接的参加と責任を担う仕組みである。当面は、生活協同組合などで出資・利用・運営への参加を基本とする参加型システムの経験を活かし、ワーカーズ・コレクティブを組織して「福祉力」として活かし、それらの仕組みを母体に自主管理型の仕事配り、幸せ配りを拓く地域福祉システムのことである。

②従来の「公」権力＝国が関与する福祉システムの基本は措置型（措置とは、広辞苑によれば、「とりはからって始末をつけること。処置」とある）である。その課題の解決方法は「プロ請負・中央集権・大衆操作」型で、公的福祉、医療システムにかぎらず政・官・財が結びついた請負型の伝統的システムが貫徹している。半面、生活者・市民の多くは老後の不安から過度な貯蓄、保険依存と、伝統的な家族介護による私的「請負型福祉」が好対照を示し、補完し合っている。「参加型福祉」はこの両者に対する〝もうひとつの方法〟（オルターナティブ）として、生活価値を生産・交換し、コミュニティ価格で対抗力を示す。その運営にあたっては、「参加・分権・自治・公開」の民主主義の手法に基づき、個人や団体が契約しあってすすめる福祉助け合い活動のことをいう。

③生活者・市民が地域社会で「ふれあい・たすけあい・支え合い」によって「介護の社会化」をはかり、「社会的な入院」や「家族介護」による不自由と不合理性の克服をめざす。その結果、ノーマライゼーションを拓き、「公」を牽制する地域コミュニティでの自律的な在宅福祉の充実をはかる社会的経済分野の事業と運動の推進方法をいう。

④障害を持つ高齢者の幸せは、福祉サービスの量と質の維持によって一方的に与えられるものではない。おそらくは福祉サービスの受給者にとって、公的介護保険が導入されても、常にサービスの不足や不充分さが自覚されると想定される。さらに設定されたケアプランにＮＯを発したとき、代替プランが用意され、選択権が保障されるかどうか疑問である。「参加型福祉」は、その弱点や隙間を埋めるものではなく、ＮＯの声に対応できるコミュニティワークのネットワークを整備し、ノーマライゼーションのレベルを高め「コミュニティ・オプティマム福祉」を拓くことが目的である。

個人資源の活かし方と協同組合の役割

「参加型福祉」が生活クラブ生協・神奈川において提唱され、実際の活動も同生協において始められたように、協同組合という形態は、今日の日本において組織的に「参加型福祉」を地域に根づかせる有効性を持ち得ているといえよう。それは一つにはワーカーズ・コレクティブが協同組合を母体に生まれ、自生している事実にもよるが、同時に協同組合が培ってきたグローバル・スタンダードとなっている基本的価値と原則、その役割との関連からも、今日的社会での優位性が考えられるからである。

協同組合は、本来、加入した一人ひとりが主権者で、出資し、利用し、運営にあたる参加型システムなのである。組合員は出資や利用をするためのお金、さまざまな活動への提言や要求などの知恵、購買(購入)や、各種会議などへの参加といった労力・時間などの個人資源を拠出することで成り立っている。またこうした個人資源を結集して、生活・文化の向上と改善をめざした事業と運動をしてきている。このような協同組合の活動や運営に参加する組合員の中でも、個人資源をトータルに拠出している組合員は、組織や個人の課題に直接関与することで、そこにあるリスクの負担をも自明のことと理解し、自己実現をめざして参加しているからだ。

しかし、一般に生協など協同組合の多様な活動は、組合員のアンペイドワーク（無償の労働）によって実現されている。ここで大切なことは、組合員の主体性を《福祉・たすけあい》の活動に活かすためには、一般的に協同組合の本来の活動とされる経済合理性を中心とした組織活動の目的や課題との組織的区分が不可欠である。

端的にいって福祉・たすけあいの活動は、組織と個人、事業と運動の面からみてもわかりづらいし理解を得にくい。それは、互いの福祉ワークの価値内容が多様で、かつそれぞれワーク内容が異なるためである。福祉サービスシステムは、随時かつ特定多数のケアワークの対象となるさまざまなニーズに対し、近隣の人びとが個々にケアサービスワークを直接担ってこそ「福祉合理性」が発揮できる。

したがって新たに協同組合が、この「参加型福祉」の運動に取り組もうとする場合には、経済合理性と福祉合理性という二つの相異なる方向性、あるいは課題が存在することとなり、組織の運営が複雑化することを理解しておかなくてはならない。しかし、二一世紀を迎える協同組合において福祉の問題は避けて通れない基本的課題であり、それぞれの合理性の自律をはかり、どのように連帯させるかという政策的な討議を重ね、組合員の合意形成をはかっていく必要がある。また、福祉ワークの組織化には、「ワーカーズ・コレクティブの価値と原則」を踏まえて、市場経済のくさびから一定自立できるワークシステムの創出が必要となる。だが、すでに数多くのワーカーズ・コレクティブやボランティア組織の実践は、協同組合と相互に自立し合って契約を交し合い、公的福祉領域以外の領域（コミュニティ・オプティマム福祉領域）を充実させることの可能性を示している。そのため福祉関係に携わる人たちや行政の担当者の中にも注目する状況が増えてきている。

現在、福祉ワークを担っている人たち、あるいはこれから担う中心世代は、戦後の民主主義教育を受け、すでに子育てが終わった人たちから第一次団塊の世代の人たちである。同時に日本が超高齢・少子社会の頂点にいたった時のまさしく当事者でもある。

この世代の特徴は、それぞれに自己のアイデンティティを明確に持ち、かつ個性的であること、さらに自己決定・自己実現のテーマに敏感で市民的資質が高いことである。したがって「たすけあい」など福祉ワークの実例をみても形式にこだわらない独創的でユニークな組織（グループ）づくりや運営をしている。したがって、これからの「参加型福祉」の推進に際して、この世代のなかから自分自身の超高齢社会を見据えた個々の主体性に基づく参加が強く求められると同時に、その集積が福祉社会のノーマライゼーション＝いかなる人びとも自己決定権が尊重・保全され、障害を持っても当たり前に生きられる社会の実現にとって不可欠なのだ。協同組合はこのことを十分に理解し、組織化のための支援体制、システムづくりに福祉合理性の立場から協同の資源を提供し、積極的に取り組む必要がある。

たすけあいについて能動的な人たちが新しく個人資源を活かし、自分の住む地域において何人かの賛同者と共に、「参加型福祉」のコミュニティーワーク・福祉ワークを始めようとする場合に、子育てを通して獲得されたさまざまな人間関係や教育、医療をはじめとする諸制度への対応が必要となる。そして培われた生活技術・文化をどう生かすか、ケアワークを自主管理する仕組みづくりが重要となる。組織運営上大切なことは、「提案・討議・決定・実行」の、それぞれの過程におけるメンバーの民主主義的関与である。地域に存在する多様な福祉ニーズとその対応の問題に対してどう取り組みたいのか、あるいは解決しようとするのか、それを決めること（決定）への参画は、自ずと責任の増大が伴う。とりわけ福祉ワークの担い手は、労働対象との関係で機微にふれた判断が不可欠なため、介護など具体的な技能のほかに社会性やマネージメント力が問われることになる。

したがって、個々人の自律性を高め、相互牽制のできる関係を可能にして事故やミスを予防するには、当事者能力を高め合える共育機能と運営の方法が当然のことながら必要になる。だれか突出した人に引きずられるような関係を固定化しては組織の発展はない。まずは人と人とのヨコの関係を優先し、豊かにすることを第一義として、そのうえで人と組織とのタテ関係を整えて目的の達成をめざすべきである。

これらの「参加型民主主義」を実践するには、その理念や方法に習熟したリーダーが必要不可欠となる。リーダーに求められる規範や能力は、決定や執行をとおして自己規制する条件づくりを他者に見い出す相互牽制の方法、説明して同意を獲得する責任（アカウンタビリティ）、活動の状況・結果や意志決定の過程を絶えず情報開示すること（ディスクローズ）などである。リーダー規範に基づく指導性が発揮されれば、ワーカーズ・コレクティブの運営と新しい働き方は、社会的に有用な生産を担うコミュニティワークの創出を促す主体になりうるだろう。

コミュニティ・オプティマム福祉をめざして

いま、間近に迫った介護保険制度をまえに、シルバー産業や保険会社などが中心となって介護支援専門員＝ケアマネジャーの資格獲得に奮闘している状況が見られる。しかし、協同組合は、公的なマンパワー誘導策の資格制度追随に陥ることなく、「参加型福祉」システムに基づく少子・高齢社会への近未来ビジョンを提示し、協同の資源を動員し、福祉現場の実状をとおして公的福祉の領域とは別の福祉の道を切り拓くことが求められている。それは日本の社会における「国本位制」の医療・保健・福祉システム、とりわけ介護保険制度を批判的に摂取しつつ「人本位制」のまちづくり、生活福祉社会の実現を推進することである。

「参加型福祉」の推進、その第一のねらいは「アマチュアとしての専門性」を育んで活かした福祉ワークを、大量に生み出すことである。そのために地域福祉の課題解決に向けて協同組合が互いに連携をはかり、コーディネーターの育成や地域福祉、組織、施設運営などのあり方をはじめ、諸々の公的福祉政策を見極める教育（共育）プログラムの編成を急がなければならない。また福祉事業の推進に当たっては、農協・漁協・生協など異種の協同組合が協同して、人材やノウハウを持ち寄り、土地や建物なども市民資本セクターの施設として、それぞれが所有しているものを拠出あるいは分担して、協同組合福祉政策の事業連帯を進めることが強く望まれる。同時に事業運営を協同組合・市民資本セクターにふさわしい経営組織を見出し、「公設民営化」などの受け皿となって福祉施設の地域への開放も進められなくてはならない。これらが高まり広まることは、地域福祉の発展に寄与するところとなり、協同組合の発揮する地域福祉力は、公的介護保険が適用除外する大部分のサービス領域のフォローを可能にするであろう。

しかし、協同組合としてはあくまでも「参加型福祉」推進のため、現在の法令に規定された立場からの開放をめざす一方で、市民資本セクターとして公（自治体）との双務契約による役割分担をして応分の役割を発揮すべきであろう。そのモデルはワーカーズ・コレクティブが在宅福祉非営利市民事業として行政から委託を受けている実例が、すでに多く存在する。

思いやり、たすけあい、支え合い、生活文化の持続を支援し、幸せを共有することを目標に、公的福祉とも連携しつつ地域コミュニティーの自己徹底、ノーマライゼーションのレベル引き上げに協同組合は、協同組合の基本的価値を持って実践して行かなければならない。とりわけ公的福祉領域以外の領域の内実を決する「参加型福祉」は、市民の強い期待と共感を得るに違いない。そして、地域福祉の最適基準づくりに期待を込めて、これを「コミュニティ・オプティマム福祉」と名づけたい。

「参加型福祉社会」を展望して

いまの日本社会にとって必要不可欠な〝はず〟の「参加型福祉」の目的や意義について、これまでふれてきた。最後に目前に迫った公的介護保険制度への実際の対応、ならびに「参加型福祉」への生活クラブ運動グループ福祉協議会（福祉協議会）の動きを紹介しておきたい。

福祉協議会は、介護保険制度をワーカーズ・コレクティブ主体の運動と事業の中に接合して「参加型福祉」活動を社会化するために、さらに利用者のさまざまな選択に応えられるためにも、介護保険制度にサービス提供事業者として参加することを決めた。生活クラブ生協と福祉クラブ生協は、事業者指定を受けられるよう一九九九年度の総代会で定款を変更し、「居宅介護支援事業者」の申請手続きをすることにした。要介護者にとって介護保険が導入されても要介護度によってはサービスの適用除外項目が多く、ワーカーズ・コレクティブ等による生活支援サービスが必要とされることを考慮したからだ。実際に現場でサービス生産・供給に携わっているワーカーズ・コレクティブからも、介護保険との間でチグハグになりそうな状況を予測して不安がる声が聞かれた。

しかし、福祉協議会の活動は、サービス供給の複雑化の予測にたって、その介護保険に必要な事務作業の処理をめざすことを目的とするのではなく、公的介護保険はあくまでも福祉サービスの一部あることを確認し、介護保険によるサービス提供に部分的に対応しながらも非営利市民福祉事業としてサービスの提供を続け、「参加型福祉」を発展させようとするものなのである。その具体的な対策として「参加型福祉推進マネジメントユニット」（マネジメントユニット）を構想し、これをコミュニティ・オプティマム福祉・ネットワークの拠点のひとつとして位置づけた。それは同時に地域にコミュニティワークの価値と価格のあり方について発信する基点にもなる。神奈川県を次の五つのエリアに区切り、マネジメントユニットを設置した。そして、それぞれが「居宅介護支援事業者」として申請を行い、九九年六月には認定を受けている。

【神奈川県マネジメントユニット】

①**横浜エリア＝**「生活リハビリクラブ鴨居」／横浜市緑区鴨居町二四三〇―一
事業者指定主体・生活クラブ生協。当該地域の生活クラブ運動グループ、在宅福祉ワーカーズ・コレクティブが参加する。

②**川崎エリア＝**「生活リハビリクラブ麻生」／川崎市麻生区東百合ヶ丘三―二―七
事業者指定主体・生活クラブ生協（以下、同じ）

③**三浦エリア＝**「Ｄａｙいしだ」／鎌倉市坂の下二七―三六
事業者指定主体・福祉クラブ生協（以下、同じ）

④**県央エリア＝**「ケアセンターあさひ」／厚木市旭町二―三―一三
事業者指定主体・社会福祉法人「藤雪会」（以下、同じ）

⑤**湘南エリア＝**「ラポール藤沢」／藤沢市稲荷三四五
事業者指定主体・社会福祉法人「いきいき福祉会」（以下、同じ）

この五つの該当地域において「居宅介護支援事業者」を担うことで、神奈川県下の主要な地域で非営利市民事業として介護保険制度利用者と非適用者との福祉サービス対応が可能になる。「マネジメントユニット」推進プロジェクトでは、①利用者の介護保険サービスの選択肢を保証、②

介護保険制度利用者の立場からの保険制度への改革提案（実際上は分けることのできない家事と介護に大きな価格差があるなど制度の不備、苦情処理システムの問題点など）、③行政や民間企業の価格に対する牽制など、介護保険開始に伴う課題への対処をめざしている。

一方、「参加型福祉」を実践する現場の「生活リハビリクラブ・麻生」では、九九年十月から在宅介護支援センターを開設し事業を始めた。さらに、同年の十月には家事介護ワーカーズ「くるみ」（川崎市多摩区・二十七人）、十二月には生活支援サービスワーカーズ「円」（横浜市都筑区・三十一人）、食事サービスワーカーズ「れもんばーむ」（横浜市都筑区・十人）が新たに設立された。「円」と「れもんばーむ」は、後述する有料老人ホーム「ライフ&シニアハウス港北」で、それぞれの活動を展開する。

このほか各地でも福祉ワーカーズ・コレクティブの設立準備の動きがあり、介護保険をきっかけに「参加型福祉」が、より一層の広がりを見せている。これらの展開は、県外からも次第に注目を浴びるところとなっている。

一方、高齢者住宅施設に関しても新しい動きが始まっている。「高齢者住宅を活用して在宅福祉を支える施設を」という福祉クラブ生協の呼びかけに、組合員の石田貞子さんは、「資産を提供することで社会貢献と老後の安心を得たい」と申し出た。これを受けて、福祉クラブ生協では、他の運動グループにも呼びかけて「提携市民福祉施設建設・検討プロジェクト」を立ち上げ、二年あまりにわたって建設計画を討議した。そして、九九年五月に鎌倉の地に十人規模の「デイサービス」施設をオープンさせた。

二階建ての施設は、二階に石田さんの住居、一階にデイサービスフロアー、半地下に相談室・事務所・風呂場がある。「Ｄａｙいしだ」と名付けられ、施設運営はワーカーズ・コレクティブ「陽だまり」（九九年四月設立）が担っている。福祉クラブ生協がすすめてきた個人資産を活用した福祉施設は、ケアセンター「あさひ」につぐ第二号の実現を成し遂げた。

さらに、新たな事業にも乗り出している。福祉クラブ生協では、民間企業の生活科学研究所と提携して、横浜市都筑区の有料老人ホーム「ライフ＆シニアハウス港北」における福祉サービス運営をワーカーズ・コレクティブが行うという試みが始まっている。これまでの福祉施設は、生活クラブ運動グループの各団体、個人の諸資源を拠出し合うことで創ってきたが、このほど企業セクターと連携したことで「コミュニティ・オプティマム福祉」の新しいモデルを創出したといえよう。このほか独自のケア付き入居型施設づくりも始まっている。神奈川ネットワーク運動（ＮＥＴ）の厚木ネットとケアセンター「あさひ」は、「（仮称）特定非営利活動法人・ＭＯＭＯ」を設立し、入居型施設をつくろうと構想をすすめ、使われていない企業の独身寮に着目して物件探しをしてきた。その物件（独身寮）が厚木市内に見つかり、五十二室ある独身寮を改造してサービスハウス「ポポロ」が、二〇〇〇年四月には開設される。

現在、神奈川ネットワーク運動では、この構想や実践を神奈川県内に広げ、オルターナティブな有料老人ホームのノウハウを蓄積し、業界への対案提示を図る予定にしている。その一方で、ＮＥＴを中心に新しい条例・制度の研究・提案もすすめ、地域にもうワンステップすすんだ「参加型福祉」の流れを切り拓いていこうとしているところである。

ところで、ワーカーズ・コレクティブなど法人格のない団体や福祉関連の組織は、一般の金融機関からの融資はほとんど受けられない。このような市民事業を支える資金づくりに「女性・市民信用組合（ＷＣＣ）設立準備会」の活動がある。「自分のお金を知らないところで使われるより、生きた事業に使いたい」といった、既存の金融機関への不信感を抱く人たちから出資を募り、そのお金を非営利市民事業団体へ無担保で融資する金融組織である。ＷＣＣでは九六年に融資は無担保、融資限度額は一〇〇〇万円、返済期間五年間、そして市場のどこよりも低い金利（年利一・八％）での貸し出しをコンセプトに、信用組合をめざしてスタートした。一口一〇万円の出資金は、九九年一二月段階で六一二五万円になった。この間、さまざまな暗礁に乗り上げながらも、ＷＣＣは信用組合実現まであと一歩というところまでこぎつけている。

市民福祉事業をサポートする条例制定運動

一九九九年一二月現在、「コミュニティ・オプティマム福祉」の実現に取り組む神奈川県下の在宅福祉非営利市民事業活動を展開しているのは、六二団体、約三〇〇〇人の在宅福祉ワーカーズたちである。その活動地域は一八市町にもおよぶ。九八年実績で年間約三四万時間（食事サービス等を除く）のサービス生産実績に達しており、その後も前年比一三〇％以上の伸長を続けている。しかもサービス時間数のうち、半分以上が公的福祉やそれに準じたところから要請されたりコーディネートされている。こうした実績は、利用者や福祉現場におけるコーディネーターたちのワーカーズ・コレクティブに対する信頼と評価の表れであるといえよう。それはまたワーカーズ・コレクティブの活動が、利用者本人の意思や家族のニーズを尊重したコーディネートやケアに根ざしたものであることを理解してもらい、その提供するサービスの質的な価値や価格が認められたということでもある。

しかし、各自治体の福祉行政当局の多くは、民間非営利・協同によるこうした福祉サービスの必要性を指摘しながらも、適切な施策を準備することにはきわめて消極的な態度である。神奈川ネッ

図⑧　介護サービス計画（ケアプラン）モデル〈鎌倉の組合員介護度Ⅱの場合〉

「要支援、要介護」の認定を受けた人は、居宅介護支援事業者「Dayいしだ」の介護支援専門員（ケアマネジャー）に介護サービス計画（ケアプラン）作成を依頼できる（自ら作成してもOK）。

	月	火	水	木	金	土	日
早朝							
午前	訪問診療	訪問介護（入浴）1.5H	家事介護（保険外）2H	デイサービス（入浴）	訪問リハビリ	訪問介護（保険外）2H	
午後	訪問診療 2H	家事介護（保険外）2H	訪問介護 2H	食事サービス（保険外）	訪問介護 2H	訪問介護 2H	家事介護（保険外）2H
夜間							
深夜							
	●週単位以外のサービス ショートステイ3ヵ月に1回（2泊3日） 訪問診療2週間に1回						

1ヶ月に利用できる介護サービスの上限額 （1割は自己負担）〈単位:円〉	
要支援	64,000
要介護Ⅰ	170,000
要介護Ⅱ	201,000
要介護Ⅲ	247,000
要介護Ⅳ	313,000
要介護Ⅴ	368,000

ケアプランの中で、ワーカーズ·コレクティブ（W.co）による家事介護は従来どおりで、通所介護（デイサービス）は「Dayいしだ」を利用できます。保険で認定された額（このモデルの場合は201,000円）のサービスで足りない場合、自己負担可能な範囲で保険外で行うW.Coのサービス（このモデルの場合、家事介護と食事サービス）が従来どおりW.Coのチケットで利用できます。

介護保険の認定から外れた場合（自立と判定されたとき）は、各ワーカーズコレクティブ等のチケットによるサービスが利用できる。

＊「うぇるびぃー」No91号（99年10月）より

トワーク運動（NET）は、九七年一一月に地域で活動している参加型の在宅福祉非営利市民事業の実態を調査した。この調査でも、ほとんどの団体が行政などからの依頼・紹介が増えている。一方、コーディネートの仕事量が膨らみ、そのコストの支払いに困っているワーカーズ・コレクティブの多くは、公的資金や民間基金などへの資金援助の申請を積極的に働かけているが、助成・支援される金額は不安定で収入予測がつきにくいといった問題点も明らかになっている。NETは、これまで各自治体に公的福祉事業の見直し、税金の不適正な配分であるバラマキ福祉など効果測定不能の仕事を改め、より踏み込んだ役割を果たすよう働きかけてきた。同時に、この調査をもとに介護保険導入にさきがけ、非営利市民福祉事業をサポートする介護支援条例システムづくりが必要であるとして、その政策を検討してきた。

そして、九八年七月に「在宅福祉非営利市民事業支援条例」案をつくり福祉協議会に提案する。支援条例の内容は、非営利市民事業団体のサービス事業を推進する際のコーディネートに関わる人件費（公的介護保険制度による制度内サービス提供にかかるコーディネート時間を省く）を規定している。この提案を受けて福祉協議会は、各自治体、行政区ごとに他の市民福祉団体にも呼びかけて実行委員会を構成し、署名活動とともにそれぞれの自治体に則した条例案づくりと、条例制定の運動を進めている（巻末資料・参照）。この活動の中で、各自治体の福祉予算の実態や、とりわけ介護保険が始まっても適用外の高齢者の生活支援は各自治体にとっても大きな課題であり、公的なサービス事業だけでは成り立たないことがより一層明らかになった。NET議員がいる一八の自治体では、九九年一二月議会での一般質問をはじめ議員提案による条例制定化への動きも出始めている。

介護保険は、介護を必要とする人のサービス費を保険料と税金によってまかなう仕組みであるが、要介護と認定される人は高齢者の一〇～一五%と想定されている。介護保険はまさしく「介護中心」であり、機微にふれた生活支援はその対象にはならない。何らかの生活支援があれば在宅で暮らせる人たちに、市民福祉事業が適切な価格（コミュニティ価格）でサービスを提供できることが重要であり、その市民福祉事業を安定して継続させるためには、税金による適切な支援を条例として制定することが必要なのである。これにより市民福祉事業をさらに増やし「現状の負担で高福祉」の政策を推進していくことが可能なのである。

「生活クラブ運動グループ福祉協議会」は、介護保険の導入をきっかけに福祉が大きく転換しようとする現状に対して、参加型福祉推進「マネジメント・ユニット」を中心に、これからもさまざまな対応策を進め、地域に「参加型福祉」の網の目を拡げてゆきたいと思っている。

あとがき

「どのような生き方をしたい？　その先にある死に方をどうしたい？　私自身が……」。私たちは「福祉」のあり方を、このように自分に引きつけて捉えようとしてきました。

何か人の役に立ちたいとか、かわいそうな人のために何かしてあげるというものではありませんでした。自分自身が生きるために心地よい市民社会を創りたい。いい意味のわがままが言い合える地域社会がいい。だから参加と責任のあり方を問い続けながら、新たな自前の福祉システムづくりとして「参加型福祉」の活動を始めたのです。

活動の基本コンセプトは、生活クラブ運動の「生き方を変えよう」をテーマとした社会運動から出発しました。慈善や救済活動ではなく、施しの福祉でもない、もうひとつの福祉事業を協同組合の理念を基盤に、さまざまなやり方で試行錯誤を重ねてきたレポートが本書です。それはまた他人のためではなく、自分が自分らしく生きるために、与えられる福祉ではなく、自らが選ぶ福祉を創っていく「たすけあい・支えあい」のワークに、貪欲ともいえるほどに多くの課題に取り組んできた人びとの集大成でもあります。

今でこそ「参加」という言葉を多くの人びとや団体が使うようになりました。しかし、福祉における「参加」といった場合、主体がどこにあるかで福祉の意味合いがまったく違ってしまいます。最近、行政や政治などが「主役は市民」とのキャッチコピーで市民参加を強調することがあります。ところが行政が声高に「市民参加」を叫ぶのは、どうやら行政主導による声が多く本来、市民が主体になるとすれば「行政参加」となるはずです。おかしなことに自治体の公共性とその事業のあり方を、市民が主体になって考えなければならないと、市民自身が社会の変化に気づいてきている時代にです。このようなおかしな状況が行き交う日本の市民社会の現状を直視するにつれ、市民自らの参加と責任の増大によって、福祉にかぎらず社会システムを変える必要性は、高まるばかりです。

介護保険制度のスタートは、こうした主体と状況の関係を組み替える可能性がたくさん含まれています。しかし、国発の福祉行政は、福祉事業の分権化、民間活力のうち、とりわけ非営利・協同の福祉事業を積極的な導入をしようとしていないのが実情です。

こうした社会状況下のもと、生活クラブとその運動グループが展開してきた運動と事業のコンセプトの一つが「参加・分権・自治」であり、その延長上から「参加型福祉」事業を進めてきた真の意味は、いったい何なのかを本書でご理解いただけたなら幸いです。

◎

本書の中心にあるワーカーズ・コレクティブによる非営利・協同の福祉事業を形成している特徴は、まず、自分を含めた生活者・市民のよそよそしさを増している社会的関係の歪みを批判して出発し、生活の不安にもとづく必要性から、生活クラブ生協に参加して獲得したモノやサービスがあり、そこで発見され自己実現された（諸々の）価値が、さらに社会化するように「行政参加」をしていく。ここに報告された「参加型福祉」事業は、そうした手順と時間を経て展開されてきました。

超高齢・少子社会を前に多様性・個性化で「他人とは違う」価値観の生き方を考える人びとが多数になった今、個々人の自律生活を自明とした社会的福祉のレベルアップが強く求められています。そのためには個人資源を活かした非営利・協同による福祉事業展開のプロセスが重要です。それは生活技術・文化の活用から、「市民資本セクター」を豊富化し、セクターバランスを健全化する牽制力の造成を意味するからです。

しかし一方で、本書で報告した「参加型福祉」事業がすべて順風満帆の一五年だったわけではありません。そして、これからもいままでのような福祉戦略・政策の展開でいいのかどうか、さまざまな角度からの点検、再検討が必要だと考えています。

◎

第一に、生活協同組合が福祉事業への取り組みを拡大することによって派生する内部矛盾の拡大です。生活協同組合の第一の優先事業は、メンバーシップによる生活資材の共同購入による経済的価値を手にすることです。そこでの福祉事業は、サービス価値の生産と移転が拡がれば拡がるほどに社会性・公共性が求められます。それは、組合員相互扶助としてのたすけあいのレベルに留まることができなくなり、措置制度のもとですら競争関係を避けられません。

そこでは次のような課題が見えてきます。

①高齢者福祉や障害者福祉等の基本的知識や、その専門性をどのように考え、体現するのか。

②福祉業界、とくに民間営利事業のリサーチ力と市場競争下の事業計画力にどう対抗できるのか。

③生協の本体事業は購買力結集型であり、福祉事業は顧客ニーズが各々違う多様性に対して、個々のケアワーク力に対応する事業と運動を推進していくリーダーシップ形成をそうつくるのか。

④生活資材の流通事業は、専従職員のリスクマネジメントが必要不可欠なことに対して、生活福祉サービスの事業化は、生活者である組合員のリーダーシップが重要であり、組合員の参加と自治

意識のズレが大きくなり、それをどう埋めるのか。

⑤非営利・協同の優位性を福祉事業化する場合、協同組合陣営はその事業特性をどう広げネットワーク化できるのか。できないとすれば福祉行政の下請け・管理下に止まり、非営利・協同の福祉事業として自立し、社会化できない組織が出てくる可能性は大きいのではないか。

ということです。

二つ目は、女性たちによる先駆的な働き方の問題です。ワーカーズ・コレクティブ運動は、オルターナティブな労働運動であり、男性主導による既存の雇用契約労働に根ざした労働概念に対する非雇用・市民事業からの問題提起でもあります。しかし、非営利・協同の福祉事業の担い手であるワーカーズ・コレクティブの一部にも、国・行政主導に従うワーカーズ・コレクティブが出てきているることはいささか残念です。個々のワーカーズ・コレクティブの多様化は大いに必要ですが、福祉・介護の社会化のための当事者としての協同行動を避けてしまうと、非営利事業体の活動は困難が増大します。それでなくても政治・行政の政策や社会構造が変わらない中での活動は難しいものです。

私たちは、常にオルターナティブな社会モデルをつくろうと活動してきたため、ワーカーズ・コレクティブの「参加型福祉」事業を行なうにあたっては、前例がない場面に不断に直面する宿命から逃れることができませんでした。そのため、既存の雇用契約労働がつくりだしてきた法や秩序に引きずられそうになる作用も大きいものでした。改めてなぜ市民が、福祉活動＝アンペイドワーク・コミュニティワークを始め、分け合うことのできるサービス価値の生産に関与するのか、女性としての自立を模索するためにも自問自答して、働き方の原点を再確認することが必要でしょう。

三つ目に、介護保険制度下での社会福祉法人や生協法人による高齢者福祉施設の運営問題があります。生活クラブグループでは、二つの社会福祉法人を設立してきました。しかしこの間は、社会福祉法人を十分に活かして非営利・協同の「参加型福祉」事業を展開する意義の組織的検討が弱かったといえるでしょう。また、生協法人の立場から施設運営に関わる問題・課題の整理や共育が遅れ、介護保険制度が間近に迫って、やっと問題提起を始めたというのが実状です。運動グループで福祉協議会を組織してきたのですから、互いの組織に相互に乗り入れ、相互牽制しながら日本の近未来を睨んで問題の解決にもっと踏み込んだ関係をつくっていかなければと考えます。

さらには、どの施設運営においてもワーカーズ・コレクティブの役割が重要な意味をもってきており、安定した継続性と着実に習熟するワーク力の有効性が発見できたはずです。さらに、今後の施設運営においては、ワーカーズ・コレクティブの主体的参加の実践力だけでなく、「参加型福祉」システムをつくるうえで、その存在が有効かつ不可欠な意義を証明されることになるでしょう。

◎

さて最後に異業種・他事業体との連携です。超高齢・少子社会における協同組合は、社会的福祉分野の充実をはかるうえで、大変大きな役割を担うことが期待されています。と同時にその事業の安定と強化を決定づける生活支援サービスの質とコストに関する問題提起が必要です。それは民間営利とは違うコストパフォーマンスの優位性を、非営利・協同体として追求することが求められます。そのために非営利・協同の一事業体としての限界性を認めながら、他事業者、他協同組合、異業種間の交流・連携に努め、生活者・市民、利用者・高齢者の主権を確立することを目的とした福祉事業の正当性を展開することに、もっと踏み込む必要があると考えます。

二〇〇〇年四月にスタートする公的介護保険制度の成功度は、市民の自治意識のレベル如何によると言われています。「措置から契約へ」を合い言葉に、日本の高齢者福祉への取り組みに市場原理が持ち込まれたのです。その市場に生活クラブグループの福祉事業も避けることなく参入します。年金制度などと乖離したまま介護保険制度だけで社会的福祉が完結されるはずもありません。したがって、地域の生活環境の最適条件を求めて「コミュニティ・オプティマム福祉」の充実をはかり、介護の社会化をめざして行政・政治参加をより促進しなければならない場面が増えるでしょう。

◎

私たちは、これまでの生活クラブグループの「参加型福祉」事業を第一期・創成期としてとらえ、問題点の整理と新たな課題を共有し、高齢社会の前期に遭遇する人びとに必要な自主管理システムなど、解決のためのプログラムをより大勢の人びとで描きたいと考えてきました。

しかし、制度が大きく変わろうとするいまの福祉システムのなかで、市民主体の提案ができるようにし、歳を重ねても自分を失わずに暮らし続けられる、福祉コミュニティづくりを進める第二期に向かいたいと考えます。それは、福祉区単位の調整力、選択権、修正権、提訴権のある福祉コミュニティの試行錯誤に始まるのかも知れません。

本書は、決して生活クラブグループ関係者のためだけに、編纂を試みたものではありません。成功も失敗も含めすべてを市民社会の明日のために、その有効性を問いかけて「参加型福祉」事業の実践性を高め、そのテーマを多くの人びとと共有することを希望してのものです。したがって、「二一世紀　私が私らしく生きるため」の社会的福祉事業を展開するためにも、心ある方々に厳しいご批判をいただけることを強く期待致します。

同時に、これまで生活クラブ運動グループの「参加型福祉」活動に多くのご指導・ご支援をいただきました皆さまに、この場を借りて心より感謝申し上げます。また、日本の「参加型福祉」のパイオニアとして生活クラブ、福祉クラブ、コミュニティクラブ各生協の組合員、一三〇団体・五〇〇〇人におよぶワーカーズ・コレクティブ、四一人の議員と四五〇〇人のメンバーによる神奈川ネットワーク運動、社会福祉法人「いきいき福祉会」、社会福祉法人「藤雪会」、そして常に近未来を見据えて課題を投げ続ける横田克巳さんの発想により出版プロジェクトが組織され、本書が刊行の運びとなりましたことに感謝致します。

最後になりましたが、私たちの出版の申し出を快くお引き受け下さった風土社社長の山下武秀さん、編集の労をとっていただいた渡辺千鶴さん、岩嶋宏恭さん、そしてデザイナーの高橋正樹さん、星野慎子さんに心よりお礼申し上げます。

一九九九年一二月

「参加型福祉社会を拓く」出版プロジェクト

参考資料

生活者・市民から求めたい公的介護保険への12の条件

生活クラブ運動グループ福祉協議会は、一九九五年一〇月の段階において以下に記す「公的介護保険」への一二の条件を示した。それは市民に対して、より一層の介護保険制度への関心と主体的関わりを求めてのものであったが、現在でも基本的条件は変わらないので紹介したい。

1. 高齢者・障害者の住まいを優先的に確保すること

住まいの確保を一番目に持ってきたのは、高齢者（単身者、障害者）が地域に住み暮らす条件の確保を最優先にしなければ、介護サービスもなにも始まらない。実際に七〇歳を過ぎて一人暮しになったり、ボケが始まったら自分の意志で住み続けることは困難になる。アパートや民間福祉施設などにもなかなか入れない。その意味で（個々の持ち家ではなく）高齢者、障害者の生活する住まいの施設確保を最優先課題とした。

2. サービスの選択肢を多様化すること

これはすぐれて運動的課題である。公的介護保険でどの程度の保障がされるか、現在は未定であるが、要介護の認定を受けた時に、金額の範囲でのプランをつくらせ、メニューを選択する権利を実行していく際の主体性を発揮すべき課題である。これまでの施しの福祉のイメージからは、受け身の弱い立場しか見えてこなかった。現状ではワーカーズ・コレクティブが、公的福祉サービスを受ける当事者の不足の声を代弁しようとしてもサービスの種類が少なく要求や希望など通らない現状である。したがって、介護保険制度を機会に保険金を支払うものの権利意識を高め、選択幅の狭いサービスでは高齢社会の対応はできないことを認め合い、「いつでもどこでも必要に応じて」にふさわしいサービスの選択肢の多様化に結びつけていくことが大切である。

3. 生活障害の度合いは公正に評価されること

当たり前のことだが人を評価（評定）するためには公正でなくてはならない。それにはフィードバック機能、苦情処理機能がセットでなくてはならないはずである（現在は六段階の介護度認定を医師中心に進めようとの自治体が多い）。

4. 現物給付を原則として現金給付は最小限に留めること

ここでの考えの基本は現金給付は最小限にして家族介護に閉じこもらせないこととし、あくまでも社会的福祉として拓かれた関係づくりを優先することをいう。

ドイツでは、支給すべきサービスをならべて現金を給付し選択させるが、日本では現物給付を前提に家族介護への給付が検討されていたが、その議論が消えてしまっている。

5. 在宅ケアプランは、自立を目指す積極的介護により誠実に実践されること

現在、自治体レベルで介護支援専門委員による試験問題が作られ、ケアプランナーの資格試験制度が準備、発足しようとしている。しかし自治体の力量に合わせたケアプランしかつくられない可能性や、内容が伴わないケアプラン倒れになる可能性もある。現状の公的福祉では家族や介護者が

苦情を言っても「これだけしかできない」と拒まれる。今後は保険制度である以上、「こうしてほしい」と具体的な要求を出し、週ごとや日ごとのケアプラン策定の適正化を図れる柔軟なシステムが必要となる。

6. 在宅ケアプランおよび実践結果は、社会的基準に基づき、民主的組織により検証されること

個々のケースの検討は、サービス受給者の日々の変化のチェックとともにプランの修正が常時フィードバックされなくてはならない。また、不適切なケアに対しては、それが受給者本人の我儘なのか提供者のミスなのかの判断基準に基づきケアの内容を検討、検証することを必要とする。

＊5・6は、ワーカーズ・コレクティブがこれまで実施してきたコーディネートの経験に基づいての提案である。公的介護保険では、介護度に基づいてケアプランが組まれると、三か月から半年間は同じ内容の福祉サービスが提供されることになる。ワーカーズ・コレクティブでは、担当者が自分の組織に戻り、仲間たちに状況を話し、頻繁にケース検討が行なわれる。この柔軟な検討機会とそこでの評価基準を通して、常に利用者の立場に立つことができるのである。検討と評価の基本は利用者の自立を損なわないよう留意し、同意を獲得することであり、福祉サービスがあてがい扶持ではないことが重要である。現実にはプランやケア内容をチェックする人員を介護支援専門委員などで確保できないのではないか。また介護保険のスタートにむけてケアプランナーの資格者を用意しておこうとシルバービジネス、あるいは社協などが積極的な対応をすすめているようだ。だが、望まれるのは、非営利・協同団体の特性を生かして地域の暮らしに密着してケア活動している人たちの役割を社会化することである。

7. 六五歳以上の保険料負担は最高額を定め、ゼロを可能とすること

導入時点では累進性があると判断し、社会保障的な均等な保険料ではなく、生活保障的な意味合いから所得水準、生活保護などの実態に合わせ、ゼロを可能にすることが必要である。たとえば国民年金しかない一人暮らしの女性などは、生活保護の対象としてゼロを当たり前とする。

8. 介護保険の内容と生活支援サービス事業全般は、ディスクロージャーされること

介護保険の内実は、原資（保険料収入）がきまり、それに対象者の何割が参加し、何割が徴収可能かの把握が必要となる。また直接的な経費と間接的経費の割合、施設利用サービスか在宅サービスかサービス給付の性格と区分の仕方など、給付の中身を全体把握できるようにし、かつ経年変化、地域特性を明らかにする。市民が実態を把握できるように制度運営やマネージメントの実施に、一定の判断が下せるためにも不断の情報公開が大切である。市民相互が自分のサービスだけでなく福祉サービス全般に目配りし、常に参加と責任を増やすことで介護保険の内実がチェックしやすくなり、充実する条件が高まる。

＊ディスクロージャー＝業務および財務内容の公開、経営に関する重要情報が、特定の人間だけに占有されることに対する歯止めとなり、民主主義の内実を豊かにできることなどをいう。

9. 苦情処理は市民オンブズマン制度および「福祉議会」による

「福祉議会」はすでに述べたとおり。苦情処理は市民オンブズマンを制度として議会で条例化して確立する。苦情処理は、本人のサービス受給の異議申し立てと保険制度に対する異議申し立ての二

つがある。また家庭内や地域社会の中でのいじめや虐待などのケースもあり、市民にとって直接的なものと間接的なものの処理ルートの確立が必要である。

これまでは高齢者の福祉の問題などを持ち込むところは公的窓口や福祉事務所しかなかった。今後は在宅介護支援センターなどを加え、容易に相談や訴えを可能にすることが重要である。個々のケアプランに対する苦情を持ち込む場合など、二つの機能を明確にして活用しないと解決が促進されない社会状況にある。つまりオンブズマンや議会の大きな役割の一つとして、家族・家庭内の問題であるように思える個々のケースについて、それを社会の問題としてとらえて社会化し、この制度の充実に寄与していくことが挙げられる。

10. できるかぎり自律的な地域介護力に依存し、家族介護を含めたケアコーディネーションにより社会的福祉の質を高めること

「参加型福祉」の基本である地域の人たちが持つ介護力へのできるかぎりの依存と、家族介護力を含めたケアコーディネーションが確立されなくてはならない。家族は介護者をもっとも身近に観察し、必要とするサービスの内容を見分けており、それ自体地域の介護力でもある。それを家庭内に押し止めないで社会化させることが地域福祉の質を高める。

11. 保険給付および制度の運用内容を不断に広報・宣伝すること

周知義務としてだけではなく、自治体とともに市民が共育することへの投げかけである。保険給付の内容を整備するには市民の問題意識が不可欠で、単なる要求型では解決されない。なお「参加型福祉」の意義を理解して社会化されないと、非営利・協同の福祉サービスも公に吸い上げられ、

従属することになりかねない。

12. 住民のニーズを高め、給付へのアクセスを大勢の身近な代理人（ワーカーズやボランティア）によって社会的に拓くこと

「参加型福祉」によって、介護保険制度だけではなし得ない生活者・市民のニーズを掘り起こして捉え、社会化し制度を改革していく。

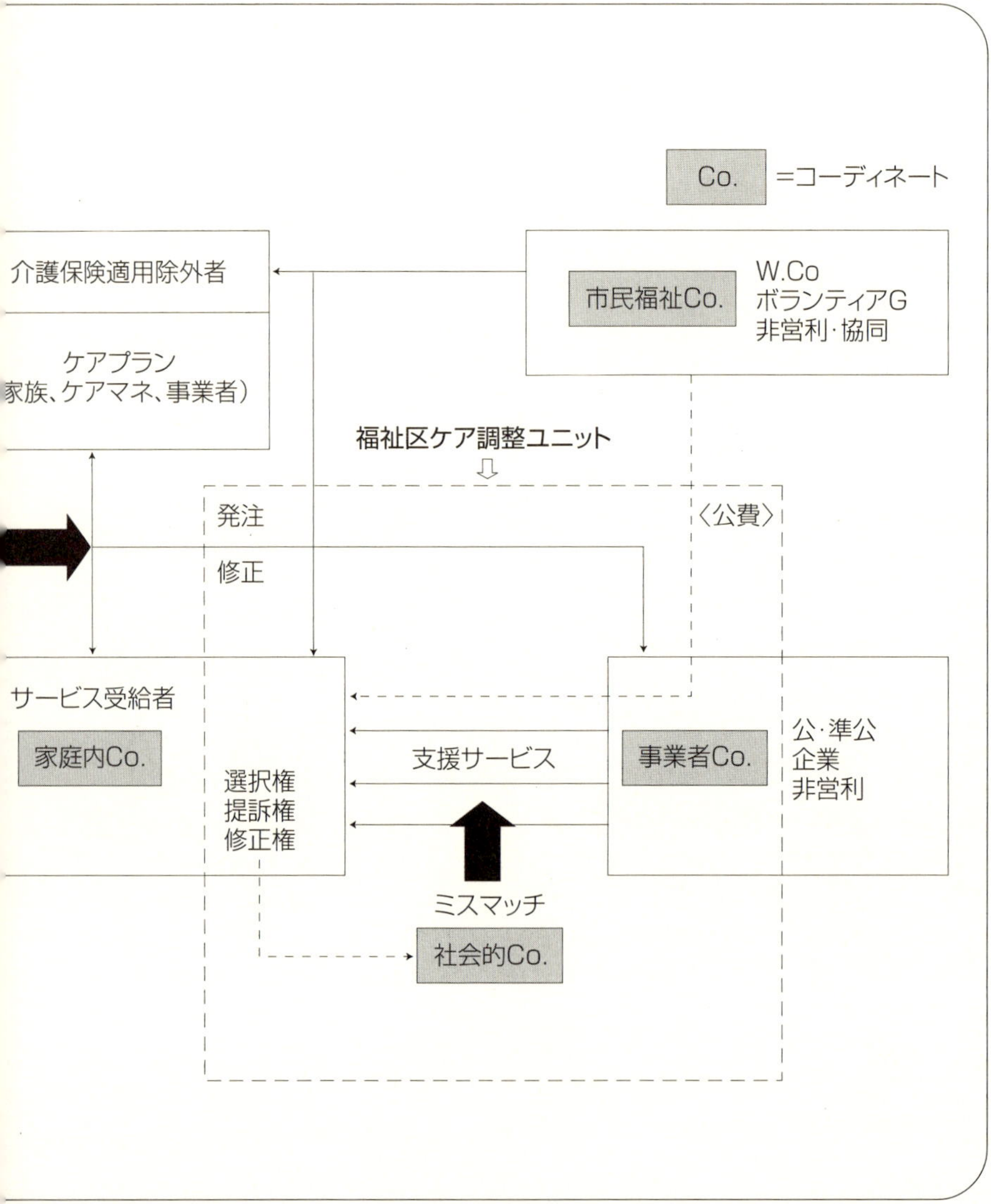
Co. =コーディネート
介護保険適用除外者
ケアプラン
家族、ケアマネ、事業者）
市民福祉Co.
W.Co
ボランティアG
非営利·協同
福祉区ケア調整ユニット
発注
修正
〈公費〉
サービス受給者
家庭内Co.
選択権
提訴権
修正権
支援サービス
事業者Co.
公·準公
企業
非営利
ミスマッチ
社会的Co.

資料　介護保険制度における〈被保険者主権〉実現のための組織関連図（素案）

福祉に関するニーズとサービス供給の狭間では、量や質、施設や財源など、いたるところでミス・マッチの起こることが容易に予測できる。さらに、そのミスマッチは供給側からだけでなく、サービス受給する利用者本人の心身変化の強弱をはじめ、家族の状態変化など、被保険者側にある不便不慮の要因が増幅する。その多様に派生するミスマッチに対応できる福祉システムの設計があってこそ、被保険者主権が保全される。しかし、この間、介護保険システムが提示している主客の事情は、いまだに全く逆転したままである。

たすけあいによる「参加型福祉」の立場から提案するとすれば、関連図のように小さな福祉区ごとに『ケア調整ユニット』を設置し、その中に常設の〈ケース検討チーム〉を組織して、前日のケア実施情報を解析し、翌朝短時間でケアプログラムを変更できる公的・社会的サービス=コーディネート機能が必要不可欠だと考えられる。これは日本全体を福祉区としてメッシュ化し、在宅介護支援センター機能を組み替えて充実することで、被保険者およびサービス利用者が直接・間接に二重の「修正権」を保全することができ、現場のトラブルや係争を少なくする安全保障のシステムでもある。

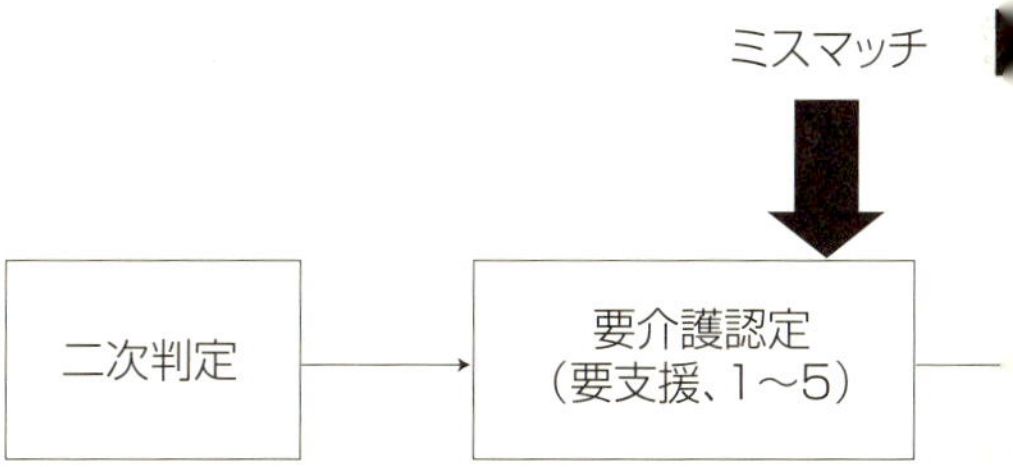

〈福祉・医療・保健等の専門者によるケース検討チーム〉
福祉区ケア調整ユニット・マネージメントシステム
1）サービス供給に関するリスク制御（安全安心、近隣便利、迅速正確の理念）
2）ミスマッチ点検・調整・修正（主権者のリスク制御）の迅速化
3）ユニットを中心とした相談業務窓口の多様化およびネットワーク化
4）情報集約機能の分散およびネットワーク化による管理
5）不可避なミスマッチを測定・評価するフィードバックシステム化

〈設置目的〉=福祉ニーズに対応したサービス供給の効果的実現
1）1〜2万人の福祉区によるメッシュ化=分権化および参加の重視
2）在宅介護支援センター機能拡大→組み替え
3）福祉・医療・保健の福祉システム中心による連携の促進
4）相談・苦情処理・調整の多様化に対し社会化の途を拓く
5）安・近・速による主権者利益の保全

〈調整ユニットに必要なリーダーの規範〉
1）相互牽制（相手を育んで自己を規制する態度）
2）アカウンタビリティ（説明して同意を獲得する責任）
3）ディスクロージャー（情報の開示）

「家事・介護」ワーカーズ・コレクティブの価格モデル（改訂案そのⅡ）

一九九八・三・三〇／生活クラブ運動グループ福祉協議会

家事・介護W.Co.の現状と課題

1．一九八五年から始まったワーカーズ・コレクティブによる在宅福祉サービスは、県下に四五団体、その参加者三〇〇〇名を越え、その福祉事業活動時間は神奈川県下の福祉サービスの一五％を担うまでになった。その活動展開は、生活クラブのワーカーズ・コレクティブだけではなく、身近にはコープかながわの愛コープや他都県の生活クラブなど、全国にこの運動と事業は急速に拡がりを見せている。特に高齢社会の到来が叫ばれるようになった「高齢者保健福祉計画―ゴールドプラン」以降その動きに弾みをつけたと言えよう。

2．在宅福祉をテーマとしたワーカーズ・コレクティブによる福祉関連の事業の展開は、以下の点を趣旨として掲げ、その活動の社会的価値はますます高まっている。

①利用者の立場でのサービス創出
②請負型の公的福祉サービス等に対して市民の「助け合い」による「参加型福祉」の拡大
③福祉ワーク・コミュニティワークとしての評価の社会化
④多様な福祉ニードへのしなやかな対応

⑤非営利事業による福祉サービス価格の提示

3．労働評価を貨幣価値で測るペイドワークだけではなく、むしろその領域よりも大きな労働総量をもつ地域社会や家庭内で発揮されるあらゆる労働（アンペードワーク）を「生きるため」に必要な労働として捉え、社会的に評価できる経済・社会のあり方をめざす。そのアマチュアによるアンペイドワークをふまえた福祉ワークを市民事業化することは、急速に訪れる少子・高齢社会に対応しなければならない日本社会の現実に不可欠である。その基本的課題は、「高福祉・高負担」ではなく、「高福祉・中負担」の社会を世界に先駆けて実現するオルターナティブとして必要不可欠なのである。

4．福祉サービスの価格は間もなく、公的介護保険制度に基づく福祉サービスの「公定価格」、シルバー産業の「市場価格」、非営利市民事業による「コミュニティ価格」と大要三つに分類される。

（一物三価）

①公的福祉サービスは、法・令を背景に税金等公的資金を財源としている。そのため制度として標準化・画一化しやすい。福祉サービスの提供は、競争関係がない独占的分野として価格の根拠（コスト）についてこだわりが少なく、市民に情報公開されていない。一方、民意識としては「公的サービスはタダ=安い」という誤解や錯覚があり、それを行政が誘導してきたといえる。

②シルバーサービスの価格は、だれもが継続してサービスを買い続けることが困難である。また個別性、地域性に対応してサービスを具体化しようとすればするほど、経費がかさむため、効率的サービス提供（営利の採算論理）からニーズを束ねて雇用労働を対応して事業展開される。し

たがって雇用されたプロは地域コミュニティに暮らしていないため、利用者を取り巻く生活環境・諸条件に配慮したサービス対応が形式的になりがちである。

③ワーカーズ・コレクティブは、必要なサービスを必要なだけ利用できる価格、地域性を考え、産業資本による経済合理性に対抗し、「福祉合理性」を追求して、福祉コミュニティ形成に寄与する。

④福祉行政は、三種に区分できるサービスの質と価格が相互に牽制し合い、質・量・価格の関係が判断でき、利用者・市民に選択できるようにする。そのためには、セクター間バランスを考慮した政策・制度が必要不可欠となる。

⑤「福祉はタダ」というイメージは、「措置型」「施し型」によって定着した一方、ボランティアや家族の介護力はタダという、両極端に依存あるいは押しつけてきたためである。しかしこれからは、核家族と少子化、女性の社会進出からも当然、介護を始めようとする生活支援サービスがだれもが利用しやすい価格で多様に用意することが必要である。

⑥都市型社会は、地域コミュニティを豊かにする社会的に有用な労働を多様に創出することが求められる。そのもう一つの働き方は、非営利で市民事業を社会化することで、地域に多様で小さな協同労働（ＮＰＯやワーカーズ・コレクティブ）を起こすことができる。コミュニティワークを社会化する法令の整備をはかり、就労の機会を拡大することで、地域経済の活性化につながる。

⑦これまでのワーカーズ・コレクティブの価格は、必要経費を最小限におさえ、経費計上できないアンペイドワークを内在しながらここまで発展してきた。事務所経費、事務局人件費、あるいは教育研修費の積立等がないまま、しかも所得の増大や採算を目的化したり、合わせるために利用価格に上乗せしたりせず、労働対価を押さえてきた。それは、地域コミュニティにおける価格

の直接的かつ回帰的交換を前提にした仮決済価格の承認にある。
⑧しかし、今後組織の継続性と担い手を有効に生み出していくためには、コストの形成内容が検討課題となる。この一四年間引きずってここまで展開してきたワーカーズ・コレクティブによる市民事業のしなやかな強さを評価しつつも、限界性を克服し、「福祉合理性」を追求しなければならない。そこで介護保険の導入をにらみ、ワーカーズ・コレクティブによる生活支援サービスを在宅福祉非営利市民事業の視点から課題を整理し、その価格の見直しを検討する。

家事・介護ワーカーズ・コレクティブの価格モデル設定の前提条件

1．ワーカーズ・コレクティブによるサービス利用者の対象
①生活のための経済的支援を必要とする人々、②公的介護保険サービスの適用除外や利用制限を受ける人々、③シルバー産業のサービスを買い続けることが出来ない人々、そこが在宅福祉ワーカーズ・コレクティブの利用対象者となる。

2．市場価格の五〇%～七〇%がコミュニティ価格と考え、地域最低賃金のレベルを越える（図⑨）

3．専門性の価値
ワーカーズ・コレクティブの場合、原則として資格や介護サービスの内容によって対価に格差をつけることはしない。理由として、生活支援サービスは、①家事援助と介護の線引きは実際上困難が多いこと、②資格による仕事としてのケアサービスの出来を区分し、不断に評価することはでき

ない、③体得してきた生活技術・文化の諸力を基本としたアマチュアの専門性を発揮する生活支援サービスは、すでに社会的・技術的レベルを備えており、一定の訓練によってケアワークの専門性を急速に高められる。

2000年の介護保険制度導入に向けての家事・介護ワーカーズ・コレクティブのサービス価格見直しの前提と価格モデル

1. 見直しが必要な当面の理由

①公的介護保険導入に伴い、ワーカーズ・コレクティブのホームヘルプ価格と内容の対抗力を保全する。

②そのためには、コストの構成を明示し、社会的支援を獲得できるよう公開する。

③各ワーカーズ・コレクティブとも価格設定が多様化し、その根拠となる考え方が分散すると社会的発言力が低下するのを防ぐ。

2. 新価格設定の意義は

①「仮決済価格」を踏まえて開示しながら新たなワーカーズ・コレクティブへの参入者拡大をはかる。

②コーディネート料をワーカーズ・コレクティブが自前で負担しようとする主体的根拠を示すとともにその不足について社会的に要請する。

③市民資本セクターとして独自の「待機型福祉ネットワーク」を造成するための資本を蓄積し充

図⑨　介護サービス計画（ケアプラン）モデル
〈鎌倉の組合員介護度Ⅱの場合〉

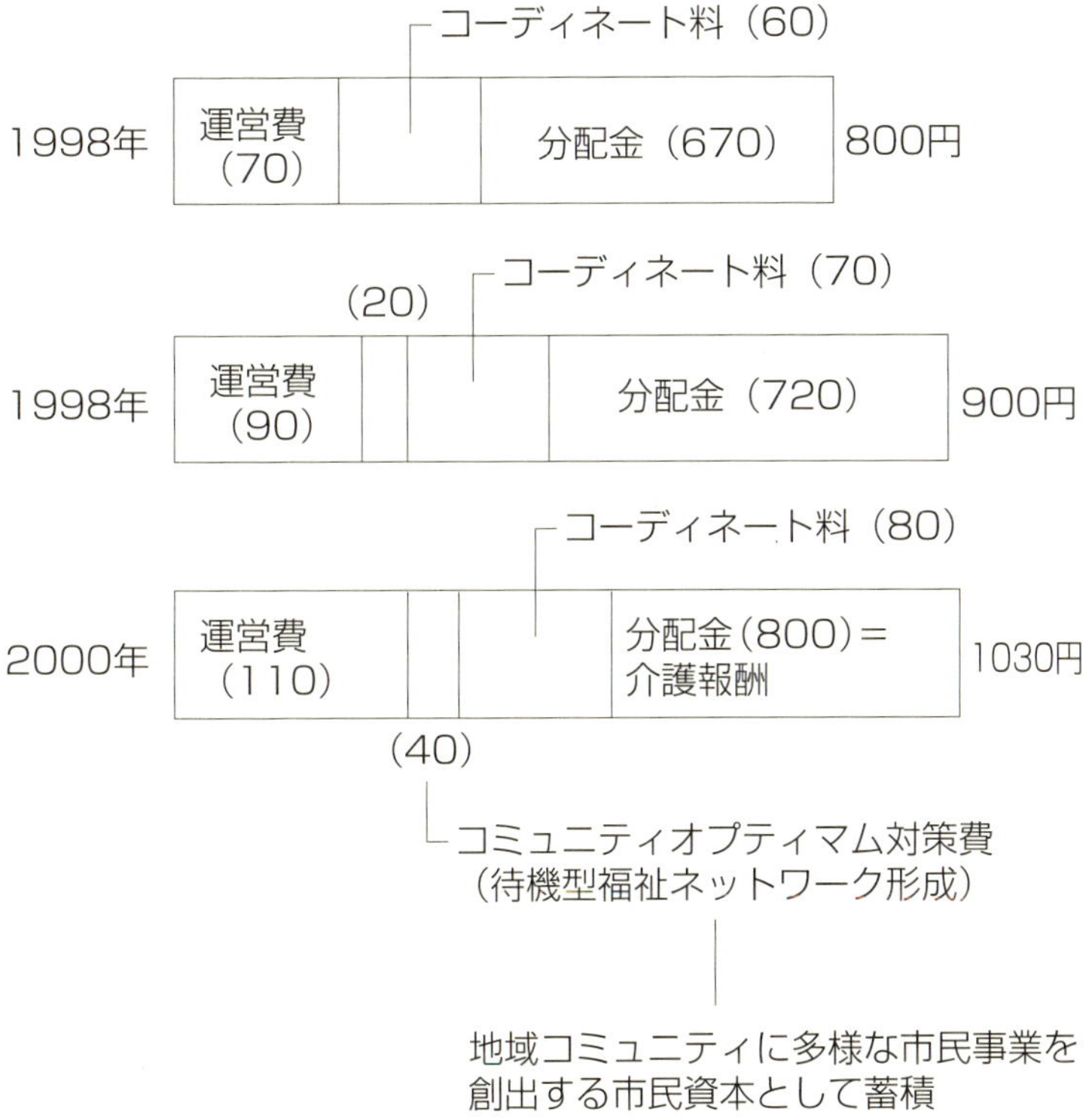

当する。

④それによって、街の中に事務所設置を可能にし、ワーカーズ・コレクティブによる福祉相談窓口を設置する。

⑤二〇〇〇年時モデルに示したコーディネート料は、必要な水準の四分の一から五分の一と考えられ、当面コーディネート料を充足する一時間あたりの価格は約一四〇〇円と考えられる。

⑥一気に約三〇％の価格改訂は利用者に納得してもらうことに困難があると考え、三カ年にわたって順次見直しをすすめる。

⑦家事・介護ワーカーズ・コレクティブのサービス価格の構成内容はそれ自体コストを示しているが、本来必要といえる社会的・経済コスト部分が欠落している。

3．残された価格構造上の課題

①運営費の中に相談窓口の設置を可能にする家賃・事務所経費の獲得をめざす。

②什器・備品の調達、減価償却、支払い利息等の費用負担を可能にする。

③早期に福利厚生及び社会的保障に関する要件を応分に実現する。

④上記をふまえ二〇〇〇年時には、再度価格モデルの見直しが必要。

在宅福祉非営利市民事業支援条例・制定に向けて

公的介護保険を巡る情勢……なぜ今、在宅福祉非営利市民事業支援条例なのか

1．公的介護保険制度の限界性

介護保険実施に向けて、各自治体は事業計画の中間報告を発表しています。昨年度、事業計画策定のために高齢者実態調査を行って公的福祉サービスの対象となる要援護高齢者数を推計しました。その要援護高齢者数を厚生省の参酌標準に合わせて換算し、介護保険サービス対象者を推計しています。

横浜市の場合、高齢者実態調査では一五・二％（約六二〇〇〇人）が要援護高齢者と認められたにも関わらず、換算により一三・二％と下方修正され、二％（約八四〇〇人）が介護保険サービスにおいては「自立」と判定されています。しかし、介護保険実施を半年後に控えた横浜市の事業計画骨子案では、「介護保険の対称とならない方で、日常生活に支障があるため、在宅サービスが必要な方について、そのサービスの種類や内容、対象者の範囲などを検討します」という表現にとどまり、いまだ方針を明らかにできず、介護保険事業計画検討委員会で批判を浴びています。

2．自治体における福祉施策の行方と責任

介護保険実施後、自治体は保険者として介護保険のニーズへ供給を一致させるとともに、行政と

して介護保険外で必要とされるサービスをどのように提供していくのかの、二つの課題を問われることになります。

現在の措置型の福祉制度において「要援護高齢者」とされている方が、介護保険制度において厚生省の基準により「自立」と判定される割合は、横浜市以外の自治体においてもほぼ同様であると見込まれます。現在の自治体における福祉サービス水準を落とさないために、自治体がどう施策を展開するのか、数値を明らかにした計画が求められます。川崎市では、約一五%を要援護高齢者と推計し、そのうち介護保険サービス対象者（一〇・三%）および川崎市の施策として行う介護保険外サービス（約四・七%）の対象者と位置づけ、施策の方向性を示しています。

介護保険事業計画と高齢者保健福祉計画が策定される今この時期にこそ、介護保険、シビルミニマム福祉、コミュニティオプティマム福祉、それぞれの領域を明確にし、行政の責任を明らかにしなければなりません。

3. ワーカーズ・コレクティブの現状

一九九九年四月現在、神奈川県下では五三団体、約二六一八人のワーカーズ・コレクティブが在宅福祉活動を地域で展開しています。なかでも家事介護ワーカーズの活動時間は、九八年度実績で約五六万時間に達しています。ワーカーズ・コレクティブに対する利用者の評価と信頼はきわめて高く、今や在宅福祉の家事援助・介護力としてワーカーズの存在はなくてはならないものとなっています。

しかし、立上げ資金や自立した市民事業として活動するための事務所や運営費の確保が必要とされる現状があり、これらは安定した運営の課題となっています。

また、今までほとんどの在宅福祉ワーカーズ・コレティブが、自治体の福祉サービス水準の低さが原因にも関わらず、何の保障もないままシビルミニマムの領域を担ってこざるを得なかった事実を、変えていかなければなりません。

4. 価格と質の牽制力としての市民事業の役割

一九九九年の八月二三日に発表された「介護報酬仮単価」によると、介護サービスでは基本単価一時間四〇二〇円（仮）という設定になっています。民間企業の参入を進めるために従来より高めの設定となっており、各事業者は介護保険サービス以外の単価についても、介護保険サービスと差のない額を基本として単価を設定することが予測されます。年金生活に入る高齢者のだれもが利用できる価格ではありません。また、効率を重視する企業などのサービス提供のあり方についての問題も、予測されます。

一人ひとりが豊かな高齢生活を過ごすには、介護保険や一部残される公的サービス、民間企業のサービスだけでなく、ニーズの高い食事や移動、コミュニケーションサービスなど毎日の生活を支えるサービスを、地域の市民が福祉ＮＰＯとしてつくりだすことが求められています。不安なく老後を迎えるには、地域に根差した市民事業が大きく育ち、民間企業や公的福祉を価格と質の両面で牽制することが必要です。

5. 市民福祉事業支援制定条例の必要性

介護保険および何らかの公的福祉サービスの対称となる一五％程度の人たちの他に、介護が必要と言えないまでも「何らかの障害や病気があるが、日常生活はほぼ自分で行なえ、外出も一人でできる」という、現行の高齢者保健計画における虚弱高齢者は約三五％程度というのが、高齢者実態調査の結果です。

要援護者への移行の予防、健康維持、在宅生活の継続を可能にする何らかの生活支援によって、高齢者が孤立しないことや生活にリズムをつけることが非常に重要であることは、ワーカーズ・コレクティブをはじめとする生活クラブ運動グループ一五年余りの地域福祉への取組みによって、実証することができます。誰もが「自分らしく、生き生きと生活する」という、人間として当たり前の生活を支える自己決定を支援するワーカーズ・コレクティブの活動は、これからの超高齢・少子社会での「中負担・高福祉」を実現するものです。

横浜市では支援の必要な高齢者の割合について、川崎市とほぼ同様に見込んでいますが、非営利市民事業を計画に位置づける考えはありません。川崎市にしても、介護保険などの公的福祉外で、地域に必要とされるサービスをつくり出す市民事業と連携を進めるための具体策は、明らかではありません。

家事介護サービスやデイサービス、食事サービス、移動サービスなど、市民の活動が多様に柔軟に活発に行なわれることは、その地域の福祉水準が高いということです。

介護保険の導入に向けたこの時期にこそ、在宅福祉非営利市民事業の自治体政策における位置づけに基づいた育成と支援のための条例制定が求められています。

＊一九九九年九月　生活クラブ運動グループ福祉協議会「在宅福祉非営利市民条例の制定をめざす行委員会形成の呼びかけ」より）

在宅福祉非営利市民事業支援条例（素案）

（目的）
第1条 この条例は少子・高齢社会において、市民が公的介護保険制度をはじめとする生活の最低限の公的サービス保障（シビルミニマム）を実現するとともに、自主的な市民活動を通して、より豊かな地域生活最適福祉条件（コミュニティ・オプティマム福祉）の整備を図るために、在宅福祉非営利市民事業の推進を図るものである。

2 市民が持つ個人的福祉資源を地域コミュニティに生かし、生活者、高齢者、および障害者等に対し、生活支援サービスを提供する者の立場や労働条件を整備し、支援する。

3 参加型福祉による在宅福祉非営利市民事業の生活支援サービスを振興し、社会的福祉の充実と発展を目指す。

（在宅福祉非営利市民事業の定義）
第2条 在宅福祉非営利市民事業とは、次の全ての用件を満たす団体を言う。

（1） 市内に事務所または連絡相談先を置き、サービス提供の対象者を主に市内居住者としていること。

（2）その事業は、市民がその自主性と主体性に基づいて行い、労働の報酬は受けるが、営利を目的としないこと。

（3）事業の種類は次のものとする。
ア　家事サービス
イ　介護サービス
ウ　食事サービス（含会食サービス）
エ　送迎サービス
オ　入浴サービス
カ　カルチャーサービス
キ　施設における介護サービスの支援
ク　安否確認
ケ　その他、別に定めたサービス

（在宅福祉非営利市民事業の責務）
第3条　在宅福祉非営利市民事業は、サービス受給者に対し、生活支援型サービス提供者に関する自主管理基準を保持し、提示しなければならない。
2　第2条3項に示す事業との契約に関する市民団体の実績および条件は、次のものとする。
（1）活動年数1年以上
（2）ア、イ、カ、キ、ク等の合計及びその他一定の実績評価による活動時間年間3000時間以上
（3）メンバー30人以上
（4）組織運営：コーディネーターを必要人数配置できている（2人以上、ケア時間

1500時間／1人が目安）
（5）理事会（運営委員会）をもっていること
（6）他団体と地域での連携がとれていること
（7）教育活動：年間活動に教育計画を立て、質の向上を不断に努力していること
（8）活動エリア：原則として、活動しやすい人口5万～7万人程度の範囲
（9）事業決済：決算報告の公開義務がある

（市の責務）
第4条　市は、在宅福祉非営利市民事業を振興し、市民及び地域コミュニティ福祉度向上に寄与する。
2　福祉に関わる情報システムを整備し、福祉サービス情報を的確に提供すること。
3　市は、市民から福祉サービスに関する異議申し立てを受け、苦情処理を行なう機関を整備する。
4　在宅福祉非営利市民事業の振興を図る共育・教育・研修の基本制度づくりを支援する。
5　市は、市民事業の福祉サービスワークを担う者の労働条件の整備、保全について支援する。

（市民の責務）
第5条　市民は、地域コミュニティにおける福祉の充実に寄与するため、地域福祉システムやその情報を理解して活用する。

2　市民は、自己の資源を活用して、可能な限り市民相互に助け合い、支え合う自主的活動に参加する。

（在宅福祉非営利市民事業団体支援の内容）

第6条　事業内容は、本条例第2条3項に示す在宅福祉非営利市民事業団体のサービス事業を推進する際のコーディネートに関わる人件費とする。ただし、公的介護保険制度による制度内サービス提供にかかるコーディネート時間を省く。

2　コーディネートとは次のような業務とする。

ア　公的介護保険制度に属する専門職者等と業務実施上の具体的な連携のための連絡調整業務

イ　第2条3項の事業におけるサービス対象者のニーズに対応した準備活動及びスケジュール調整、緊急時の対応に関する業務

ウ　その他、在宅福祉非営利市民事業の運営を円滑にするための業務

（支援金の額）

第7条　支援の額は、チーム運営事業を行っている国庫補助基準で算定し、非営利市民事業が計画した活動時間に応じて基準を策定し、実績に応じて支払い精算する。

（事業者としての認定及び契約）

第8条　市は、支援する事業者として、第2条1項の要件を満たし、且つ第3条2項の条件に当てはまる非営利市民事業団体については、法人格の有無に関わらず認定し、契約を行うものとする。

（公的機関との関係）

第9条 市と在宅福祉非営利市民事業団体は、両者の発議で必要に応じて会議を開催し、地域福祉の充実発展に協力し、互いに努力する。

（1） 在宅福祉非営利市民事業団体は、公的介護保険制度によるケアプラン策定システムに参加し、責務を負う。

（支援金の申請）

第10条 支援金交付を受けようとする在宅福祉非営利市民事業団体の代表者は、毎年5月及び11月に交付申請書に必要書類を添付し、市長に提出する。

（交付の決定）

第11条 市長は、支援金支払いの内容を審査し、交付決定する。

（交付時期等）

第12条 支援金の交付時期は、毎年7月及び1月とする。ただし、市長が特に認めた場合は、この限りではない。

（実績報告）

第13条 支援金の交付を受けた在宅福祉非営利市民事業団体の代表者は、市の会計年度が終了した日から30日以内に、事業実績報告書に収支決算書を添付して、市長に提出する。

（その他）

第14条 この条例に定めるものの他必要な事項は、別途定める。

付　則　この条例は　　年　　月　　日　から施行する。

生活クラブ運動グループ福祉協生議会関連の主な資料・出版物

●はたらきづくりまちづくりガイドブック〈神奈川W.Co.連合会〉（八五年、九〇年、九二年、九三年、九五年）
●オルタナティブ市民社会宣言〈横田克巳〉（八九年）
●福祉クラブがめざす有料老人ホーム―住み替えの可能なシステムづくり（九〇年）
●生活クラブ運動グループの福祉を創る―オルタブックレット6〈横田克巳〉（九一年）
●生き活きオルタナティブ～生活クラブ神奈川20周年のあゆみ（九一年）
●“もうひとつの福祉”発見！ヨーロッパレポート（九一年）
●参加型市民社会論―オルタナティブ市民社会宣言〈横田克巳〉（九二年）
●ワーカーズ・コレクティブ―その理論と実践（九二年）
●福祉コミュニティの形成をめざして―中間報告〈藤沢在宅福祉支援システム研究会〉（九三年）
●ミニディサービスセンター発　たすけあいのまちづくり〈生活リハビリクラブ・戸手〉（九三年）
●ワーカーズ・コレクティブ21世紀の可能性〈ワーカーズ・コレクティブ国際シンポジウム〉（九三年）

●神奈川家事介護サービス・ワーカーズ・コレクティブ活動実態調査結果―実態調査～見えた課題在宅福祉システム政策立案への提言〈神奈川W.Co.連合会〉（九三年）
●POWER 三つの構想　五つの実施プラン～生活クラブの福祉政策・環境政策（九四年）
●ラポール藤沢と参加型福祉～参加型福祉が拓くコミュニティ・オプティマム〈生活クラブ運動G福祉協議会〉（九四年）
●小さな施設の大きな望み〈ケアセンターあさひ・ワーカーズコレクティブきりん〉（九四年）
●地域社会と私たちの働き方〈中村尚司〉（九四年）
●車椅子体験からみえてきたこと〈生活クラブ・ユニオン福祉委員会〉（九四年）
●住み慣れた町に生き活きと暮らし続けたい～高齢者住宅事業推進プロジェクト中間報告（九五年）
●より豊かなコーディネイトのために―神奈川家事介護W.Co.におけるコーディネイトの心得と実践〈神奈川W.Co.連合会〉（九五年）
●21世紀の介護の社会化を考えるフォーラム資料集〈生活クラブ運動グループ福祉協議会〉（九四年）
●今私たちが受けられる訪問看護サービス〈生活クラブ・ユニオン福祉委員会〉（九五年）
●ワーカーズ・コレクティブで豊かな街づくりを―ケアセンターあさひとワーカーズ・コレクティブの活動（九五年）
●地域に暮らす、地域をつくる―ラポール藤沢2周年（九六年）
●十人十色―生協の福祉・助け合い〈小田桐　誠〉（九六年）
●隣のあなたと社会をつくる〈生活リハビリクラブ・麻生〉（九六年）
●市民による市民のためのNPO法案（九六年）

●政治の不思議　VS　ネットの政策（九六年）
●介護保険の限界と市民参加型福祉実現に向けて―公的介護保険に関する見解（九六年）
●生活クラブ・神奈川の歴史（九六年）
●笑顔あふれるまちづくり〈生活リハビリクラブ・葉山5周年記念誌〉（九七年）
●あったかいまなざし―夏休みラポール藤沢中高生ボランティア合宿報告集〈生活クラブ・ユニオン福祉委員会〉（九七年）
●横浜市の福祉政策を検証する〈生活クラブ運動グループ福祉協議会〉（九七年）
●わたしの文箱―あさひ利用者の文集〈ケアセンターあさひ〉（九七年）
●生活クラブ運動グループ福祉協議会ガイドブック（九七年）
●福祉のまちを歩く〈石毛えい子〉（九七年）
●生活リハビリクラブ・麻生10周年誌（九七年）
●福祉コミュニティを築く―協同組合福祉の可能性〈協同組合福祉フォーラム実行委員会〉（九七年）
●あったかいまなざし―オープン・カレッジから見えてきたこと〈ユニオン・福祉政策委員会〉（九八年）
●生活時間調査報告集―アンペイドワークの測定と評価〈神奈川ネットワーク運動〉（九八年）
●たすけあい1万人からの新たなスタート―コミュニティ・オプティマム福祉の実践〈福祉クラブ生協〉（九八年）
●在宅福祉非営利市民事業支援行例―市民資本セクターの健全な発展をめざして〈神奈川ネットワーク運動〉（九八年）

●福祉問題政策委員会・答申書〈神奈川県生活協同組合連合会〉（九八年）
●参加型政治システム①②〈神奈川ネットワーク運動〉（九八年）
●在宅福祉ワーカーズ・コレクティブ案内'99〈神奈川W.Co.連合会〉（九九年）
●共働・ともにはたらく〈神奈川W.Co.連合会〉（九九年）
●ワーカーズ・コレクティブが市民社会をつくり・かえる〈神奈川W.Co.連合会〉（九八年）
●働楽・はたらく〈神奈川W.Co.連合会〉（九八年）
●地方自治のしくみと市民〈神奈川ネットワーク運動〉（九八年）
●幸せくばり－コミャニティ・オプティマム福祉の実践〈川崎市民参加型福祉協議会〉（九九年）

電話番号	FAX番号	事業内容
011−875−6532		
011−896−5176		
011−683−2039		
011−783−5301		
0133−74−6576		
011−852−6262		
011−764−4259		託児
011−783−3123		託児
011−694−3722		託児
011−772−8054		託児
011−591−5776		託児
048−884−0204		
0489−65−4710		たすけあい
0429−21−4530	0429−28−2717	たすけあい
0438−23−2626		たすけあい
043−296−3221		在宅福祉サービス
0473−52−2058	0427−52−2058	在宅福祉サービス
0436−21−1321		在宅福祉サービス
0471−29−2025		在宅福祉サービス
0438−23−2626		在宅福祉サービス
043−294−3014		
0473−48−2322		

	団体名	代表者名	住所
北海道			
1	たすけあいW.Coむく	石川絹子	札幌市白石区北郷8条8ー7ー4
2	たすけあいW.Coのほろ		札幌市厚別区北4条2ー10ー3
3	たすけあいW.Coこころ	浜出修子	札幌市手稲区本町5条4ー1ー5
4	たすけあいW.Coそよ風		札幌市東区伏古11条3ー4ー23
5	たすけあいW.Coエルサ	村田たえ子	石狩市花川北3条6ー63
6	たすけあいW.Coぼっけ	深瀬啓子	札幌市豊平区清田1条2ー2ー1大滝ビル
7	かざぐるま	山田智子	札幌市北区新琴似11条10丁目6ー22
8	めむ	小松幸子	札幌市東区北35条東22丁目3ー25
9	プーのいえ	嶋　明美	札幌市西区西宮の沢4条3丁目303
10	プチ.トマト	長谷川敦子	札幌市北区屯田5条12丁目5ー20
11	ぐるんぱ	佐藤康子	札幌市南区常磐4条2丁目15ー3
埼玉県			
1	たすけあいワーカーズ太陽		浦和市元町3ー14ー14ー202
2	すぎな	藤代恵子	越谷市東越谷3ー6ー23
3	たんぽぽ	笠原シズ子	所沢市緑町4ー40ー6
4	さくら草	粕谷則子	草加市松原3丁目c32-5
千葉県			
1	たすけあい こんにちわ	岡野しづ子	千葉市花見川区花園1ー6ー5
2	たすけあい はとぽっぽ	横山三知子	浦安市入船4ー36ー3
3	たすけあい 麦	加藤征子	市原市西五所9ー1　生活クラブ生協内
4	W.Coスプーン	宮田玲子	野田市岩名1ー73ー14
5	W.Co虹アルコバレーノ	新海絹恵	木更津市大和1ー2ー1.木更津エポ
6	あすみが丘ワーカーズ		千葉市緑区大椎町12茸あすみが丘2ー29ー9
7	たすけあいワーカーズぽけっと	石田奈津代	松戸市新松戸3ー211.フレドール203

電話番号	FAX番号	事業内容
0474－91－1682		
043－461－9489	043－461－8452	
054－272－8431	054－272－8666	ホームヘルプサービス
093－884－1111	093－882－8661	
093－883－3161	093－883－3161	
093－611－5577	093－611－5580	
093－612－9036	093－612－9036	在宅高齢者.弱者生活支援
09494－2－5440	09494－2－3790	家事介護サービス　乳幼児の世話 幼稚園の送迎
093－244－6881	093－244－6881	家事.介助.介護サービス
092－731－5238	092－731－1457	
092－938－5743	092－938－5743	
0940－36－6963	0940－36－6963	
093－291－3113	093－202－3454	家事サービス
092－923－8600	092－923－8600	

	団体名	代表者名	住所
千葉県			
8	W.Coいずみ	永井淑子	印旛郡白井町けやき台2−7−4−104
9	W.Coエプロン	大沼道子	佐倉市王子台6−3−9 生活クラブ佐倉センター
静岡県			
1	ワーカーズコープ夢コープ	深沢啓子	静岡市昭和町1−6　協栄生命ビル3階
福岡県			
1	W.Coひまわり	緒方英子	北九州市戸畑区西鞘ケ谷町5−28グリーンコープ戸畑支部内
2	生活サポートワーカーズすみれ	田代紀代子	北九州市戸畑区浅生2−4−23 ワーカーズショップあそう内グリーンコープ
3	W.Coいずみの会	泉原栞子	北九州市八幡西区永犬丸東3−1−34 グリーンコープ八幡西支部内
4	W.Co南風の会	加藤律代	北九州市八幡西区永犬丸東町3−10 生活サポートワーカーズ北九州グリーンコープ
5	W.Coりぼんの会	隅田三和	鞍手郡鞍手町小牧2333−132 家事サービスワーカーズグリーンコープ
6	W.Coのぞみ	山本君子	中間市大字中間7543−12 生活サポートワーカーズグリーンコープ
7	W.Coくるみ	日高靖子	福岡市中央区今川1−1−25　グリーンパル店2階 パルパル内 福岡生活サポートグリーンコープ
8	W.Coみみずく	柴藤ひろ子	糟屋郡柏屋町大字長者原289−13北ブロックグリーンコープ
9	W.Coお結び	古賀千種	宗像市葉山田熊中尾622−6第2力丸ビル1階
10	家事サービスワーカーズひだまり	山口敏子	遠賀郡遠賀町大字尾崎字友田1712−52 グリーンコープ生協中遠支部内
11	W.Coゆうゆう	金丸恵子	筑紫野市永岡1501−1 ふくおか生協ちくしのセンター内グリーンコープ

電話番号	FAX番号	事業内容
092−806−7692	092−806−7692	
0948−23−2089	0948−23−2089	
09492−6−8304	09492−6−8304	家事サービス
0942−52−6706	0942−52−6706	
0944−51−3848	0944−51−3848	
092−936−4944	092−936−4944	チャイルドケアサービス
0658−79−3510	0658−79−3510	
096−338−6929	096−339−3251	家事サービス
096−380−7482	096−380−9342	
0968−74−1525	0968−74−1525	
096−232−0923	096−232−0923	
0975−67−8887	0975−54−6060	家事支援サービス
0977−26−5585	0977−26−5585	
0974−82−6946	0972−82−6946	

団体名	代表者名	住所
福岡県		
12 W.Coもやい	都留恵美子	福岡市西区泉3−4−1　ふくおか生協グリーンコープ
13 W.Coとも	市吉七海	飯塚市庄司1328福祉ワーカーズグループグリーンコープ
14 W.Coあじさいの会	津田ひろ子	直方市日吉町10−35直方.鞍手家事サービスグリーンコープ
15 ちくご生活サポートワーカーズ ふれんど	寺園万里子	筑後市山ノ井778−2 九産筑後ビルこまらんど内グリーンコープ
16 おおむた生活サポートワーカーズ	高口悦子	大牟田市歴木平野山1807−920グリーンコープ大牟田
17 オフィス21	笹田由紀	粕谷郡志免町大字志免1147−1第2コーポ川頭101
長崎県		
1 たすけあいワーカーズありす	熱田絵美	長崎市ダイヤランド2−6−18　グリーンコープ
熊本県		
1 W.Co結	脇元田鶴子	熊本市清水町麻生田922−3　グリーンコープ 熊本共生社県央地域本部内
2 W.Co（SUNあい）	渡辺太子	熊本市長嶺町東1−2−63　くまもと共生社グリーンコープ
3 W.Coさくらんぼ	水永久子	玉名市築地435グリーンコープくまもと共生社 県北地域本部グリーンコープ
4 W.Coなないろ	貝塚好子	菊池郡菊陽町津久礼字下沖野2972くまもと生協グリーンコープ
大分県		
1 W.Coであい	江戸良子	大分市大字寒田南4−415−1 グリーンコープ生協大分グリーンコープ
2 W.Coたんぽぽ	河野紀文子	別府市石垣東4−4−30 生活たすけあいワーカーズグリーンコープ
3 県南家事支援ワーカーズおひさま	中都留節子	津久見市彦の内谷川1311.グリーンコーープ

電話番号	FAX番号	事業内容
03−5450−5627	03−5450−2234	
03−3425−5722	03−3425−5788	
03−3429−6721	03−3420−7329	
03−3339−5554		
03−3399−7199	03−3399−7199	
03−3905−2563	03−3907−6232	
03−3968−1701	03−3968−1701	
03−3948−3390	03−3948−3390	
03−3674−0116	03−3674−0116	
0426−75−7410		
0426−21−4781	0426−21−4781	
0425−26−7408	0425−26−7408	
0422−42−4469	0422−42−4469	
0428−32−2588	0428−32−2588	
0423−63−1816	0423−86−1816	
0425−45−0890		
0424−99−6788	0424−99−6788	
0427−27−1262	0427−27−1262	
0427−25−1551		
0427−29−1130	0427−29−1130	
0423−88−2258	0423−88−2258	
0425−85−3939	0425−85−3939	
0423−97−5795	0423−97−5795	
0423−24−4188	0423−24−4188	
0425−74−7517	0425−74−7517	
0424−25−0383	0424−25−0383	

	団体名	代表者名	住所
東京都			
1	たすけあいワーカーズゆりの木	毛利淑子	世田谷区宮坂3−13−13　生活クラブ世田谷
2	アビリティクラブたすけあいACT	市毛英子	世田谷区宮坂3−13−13　生活クラブ世田谷
3	たすけあいワーカイズゆりの木南	米井明子	世田谷区宮坂3−13−13　生活クラブ世田谷
4	たすけあいワーカーズぱれっと	高山節子	中野区野方6−23−10
5	たすけあいワーカーズさざんか		杉並区上荻4−1−5　早川様方
6	たすけあいワーカーズひよこ	浜坂フミエ	北区西が丘3−17−15　厚東様方
7	たすけあいワーカーズあやとり	石塚芳恵	板橋区常盤台1−28−17
8	たすけあいワーカーズふろしき	松沢邦栄	練馬区桜台4−21−5　桜台コーポ2B
9	たすけあいワーカーズもも	弟子丸すみ	江戸川区東小松川4−54−16−201
10	たすけあいワーカーズくるみ	後藤町子	八王子市大塚550　黒田様方
11	たすけあいワーカーズりぼん	佐久間寛子	八王子市叶谷町915−11　生活クラブ内
12	たすけあいワーカーズこっとん	壷ツ石恭子	立川市柴崎町3−4−8　倉地ビル2階
13	たすけあいW.Coこもれび		三鷹市上連雀7−30−16　昇仙荘3号
14	たすけあいワーカーズのぞみ		青梅市新町1837−1　生活クラブ青梅センター内
15	たすけあいワーカーズぽぽ	中込由美子	府中市寿町1−1−3生活クラブ生協地区館内
16	たすけあいワーカーズ大きなかぶ	浜田裕子	昭島市宮沢町496　笹生アパート3号室
17	たすけあいワーカーズはこべ	朝倉富士子	調布市国領3−4−3　生活クラブ調布センター内
18	たすけあいワーカーズ更紗	倉敷町恵	町田市旭町1−23−2生活クラブ町田センター内
19	たすけあいワーカーズたんぽぽ		町田市旭町1−23−2生活クラブ町田センター内
20	たすけあいワーカーズにじ	星名恵美子	町田市南大谷211−2
21	たすけあいワーカーズほっとわあく	席　千代	小金井市本町1−5−2　さつき荘E
22	たすけあいワーカーズBeすけっと	中村敏子	日野市豊田2−55−18
23	たすけあいワーカーズぽけっと		東村山市本町2−12−30
24	たすけあいワーカーズすまいる	田口義子	国分寺市西恋が窪3−35−9　藤野荘202
25	たすけあいワーカーズすてっき	長谷川恵子	国立市富士見台3−1−17.3−10−307榊原様
26	たすけあいワーカーズハミング	鈴木博子	保谷市泉町3−12−33

電話番号	FAX番号	事業内容
03—3480—2553		
0425—60—4525		
0423—76—3973	0423—76—3973	
03—3774—5628		老人給食.弁当,パーティ料理
0427—32—7403	0427—32—7403	老人給食
0427—36—6776		老人給食
03—3623—3132		
045—543—7787	045—548—0508	
045—474—0667	045—474—0680	
045—943—1051		
045—591—7175		
045—972—4304	045—972—4304	
045—846—1965		
045—844—0929	045—841—1146	
045—761—1954		
045—786—0535		
0468—33—2238	0468—33—2238	
045—351—4760		
045—861—7280		
045—303—3168	045—303—3168	
045—891—7706	045—891—7706	
045—895—2114		

団体名		代表者名	住所
東京都			
27	たすけあいワーカーズなかよし		狛江市東野川4－19－15　大場様方
28	たすけあいワーカーズあくしゅ	大山京子	東大和市中央4－1026－2　山王荘10号
26	たすけあいワーカーズくわの実	池田たか江	武蔵村山市伊奈平6－17－3
27	たすけあいワーカーズつむぎ	野本和子	多摩市貝取1454 加藤ハイツ105
28	たけのこ	川西絹子	品川区大井5－23－25－101
29	食事サービスの会	菜の花	志村寿子町田市原町田4－24－6せりがや会館内
30	食事サービスの会	菜の花	町田市大蔵4381A　アグリハウス
31	たすけあいワーカーズエプロン	山口文江	練馬区東大泉5－6－9　ハイムミッキー1
神奈川県			
1	ワーカーズコープ愛コープ港北	橋本光子	横浜市港北区大豆戸町925－1大倉山第2コーポラスA－603橋本様方
2	ワーカーズコープ愛コープ	稲葉尚子	横浜市港北区新横浜2－5－11
3	たすけあいワーカーズふれあい	網谷正子	横浜市都筑区荏田南5－8－17
4	ワーカーズコープ愛コープ都筑	岩本久美子	横浜市都筑区勝田町266－1－18－408
5	ワーカーズコープ愛コープ青葉	酒井信子	横浜市青葉区大場町142－3　酒井信子様方
6	ワーカーズたすけあい有為	山尾宏子	横浜市港南区上大岡西2－6－18　山崎ビル1階
7	ワーカーズコープ愛コープ港南	武藤ひろみ	横浜市港南区大久保2－6－24　武藤ひろみ様方
8	ワーカーズコープ愛コープ磯子		横浜市磯子区丸山2－10－104 草野様方
9	ワーカーズコープ愛コープ金沢	築山淳子	横浜市金沢区堀口3－2－705
10	ワーカーズコープ愛コープ横須賀	国部節子	横須賀市佐原1－21－15
11	ワーカーズコープ愛コープ保土ヶ谷	津川聖子	横浜市保土ヶ谷区今井町265－9
12	ワーカーズコープ愛コープ戸塚	伊藤伸代	横浜市戸塚区戸塚2732－8
13	ワーカーズコープ愛コープ瀬谷	南條真知子	横浜市瀬谷区宮沢町13－3
14	ワーカーズコープ愛コープ栄	森下紀子	横浜市栄区小山台2－26－4　森下様方
15	栄家事介護W.Coいこい	中西民子	横浜市栄区上郷1151－127コートハウス2－109 中西民子様方

電話番号	FAX番号	事業内容
045−546−6828		家事介護サービス
045−546−6554	045−546−6554	
045−864−3575	045−864−3575	家事介護サービス
045−491−4440	045−481−7409	家事介護サービス
045−834−3119	045−773−5972	家事介護サービス
045−374−0131	045−374−0622	家事介護サービス
045−895−4403	045−892−8088	家事介護サービス
045−366−6105	045−366−6105	家事介護サービス
045−333−4145	045−333−4145	家事介護サービス
同上	同上	食事サービス
045−785−4142	045−782−5370	家事介護サービス
045−844−6858	045−844−6858	家事介護サービス
045−943−1051	045−943−1051	家事介護サービス
045−932−7042	045−932−0742	家事介護サービス
045−932−0740	045−932−0740	リハビリセンター
045−311−0233	045−311−0233	家事介護サービス
045−843−8191	045−843−8191	家事介護サービス
045−472−5096	045−472−5029	託児.幼児教室
045−304−2077	045−304−2077	食事サービス
045−363−7896	045−363−7896	保育室経営
045−563−2829	045−563−2829	食事サービス
045−582−0983	045−582−0983	家事介護サービス
045−841−4881	045−846−3166	家事介護サービス
045−942−4541	045−942−4541	家事介護サービス
045−491−8344	045−491−8344	食事サービス
044−799−2247		

団体名	代表者名	住所
神奈川県		
16 港北家事介護W.Coいずみ	洞　幸子	横浜市港北区樽町1−27−2 ミニデイサービスいちのみや
ミニデイサービスいちのみや		同上
17 W.Coたすけあい戸塚	藤野俊子	横浜市戸塚区吉田町1868 相沢荘206号
18 神奈川家事介護W.Co 絆	夛田美知子	横浜市神奈川区平川区1−4山崎荘3号
19 W.Coたすけあい磯子	戸田香代子	横浜市港南区港南台7−52−4生活クラブ港南センター
20 W.Coたすけあい.あさひ	小山静子	横浜市旭区鶴ヶ峰2−52−2
21 W.Coたすけあい 栄	和泉加代子	横浜市栄公田町828−2
22 W.Coたすけあい せや	豊島幸江	横浜市瀬谷区三ツ境106−3−301生活館SEYA
23 W.Co　皆人(みなと)	宇田川好子	横浜市保土ヶ谷区峰岡町1−3−3松野荘B203
24 じゃがいもの会	近藤裕子	同上
25 W.Coたすけあい金沢.エプロン	渡部真樹子	横浜市金沢区能見通り23−18
26 W.Co港南たすけあい 心	影山豊子	横浜市港南区港南2−1−16内田ハイツB−103
27 たすけあいワーカーズふれあい	渡辺真弓	横浜市都筑区荏田南5−8−17
28 家事介護W.Coくまさん	相馬由紀子	横浜市緑区鴨居町2430−1鴨居デイサービスセンター
生活リハビリクラブ 鴨居		同上
29 W.Coたすけあい ぐっぴい	中村久子	横浜市西区浅間台125−5−405
30 家事介護ワーカーズ えくぼ	井上小枝	横浜市港南区丸山台3−33−3
31 託児W.Coすくすく	加藤節子	横浜市港北区新横浜2−8−4オルタナティブ
32 ももの木(ほほえみ)	山崎怜子	横浜市瀬谷区瀬谷1−21−3露木第2ビル
33 W.Coさくらんぼ	水上千恵子	横浜市旭区東希望ヶ丘238
34 港北食事サービス ほつと	雨宮麻子	横浜市港北区日吉本町2−38−1福祉クラブ生協内
35 W.Coたすけあい つるみ	小塚悦子	横浜市鶴見区馬場3−1−29
36 ライフサポート 樹(あーぶれ)	江口由美子	横浜市港南区日野南6−1−43
37 生活支援サービスW.Co「円」	網谷正子	横浜市都筑区茅ヶ崎4−12−11−406
38 W.Co「ぽてと」	橘　維子	横浜市神奈川区六角橋4−24−8橘方
39 ワーカーズコープ愛コープ高津	吉沢誠子	川崎市高津区明津91白井わか子様方

電話番号	FAX番号	事業内容
044−853−1588	044−822−3829	家事介護サービス
044−934−4652	044−934−4652	家事介護サービス
044−953−8656	044−953−8656	家事介護サービス
044−954−8123	044−953−8485	
044−533−7781	044−533−7781	家事介護サービス
044−556−1122	044−556−1121	
044−865−5542	044−865−5542	家事介護サービス
044−852−7747	044−852−7747	家事介護サービス
044−833−4990	044−833−4990	家事介護サービス
044−955−6273	044−955−6273	食事サービス
044−954−9555	044−954−9555	移動サービス
044−900−2286	044−900−2286	食事サービス
042−776−8673	042−776−8673	家事介護サービス
0427−76−2323		幼児教育
0462−73−1881	0462−75−5174	家事介護サービス
0462−74−8288	0462−74−8238	移動サービス
0462−69−5581		仕出し弁当
0467−70−8600	0467−70−8600	家事介護サービス
0462−24−7121	0462−34−7121	家事介護サービス
0462−29−9110	0462−29−9105	家事介護サービス
同上	同上	デイケアセンター
同上	同上	
0462−29−9110	同上	移動サービス
0462−47−5623	0462−47−5623	保育
0462−45−2773		
0462−34−7461	0462−34−7461	家事介護サービス

	団体名	代表者名	住所
神奈川県			
40	W.Coたすけあいだんだん	渡辺美恵子	川崎市高津区溝の口5－11－22
41	サービス生産(協)たすけあい多摩	見目愛子	川崎市多摩区東生田2－15－4
42	サービス生産(協)グループとも	竹中美恵子	川崎市麻生区東百合が丘3－2－7麻生生活館2F
	生活リハビリクラブ 麻生		同上
43	幸家事介護W.Coあやとり	小林正子	川崎市幸区戸手1－5－11生活クラブ戸手生活館
44	生活リハビリクラブ 戸手		同上
45	高津家事介護W.Coほほえみ	岡本比才江	川崎市宮前区宮崎2－1－1生活クラブ高津センター
46	宮前家事介護W.Coさんさん	寺田悦子	川崎市宮前区宮前平2－8－13
47	多摩家事介護W.Coくるみ	酒井朋子	川崎市多摩区登戸1182－4登戸地区館
48	麻生食事サービスW.Coあい.あい	鮫島由喜子	川崎市麻生区東百合丘　3－2－7生活クラブ麻生生活館
49	W.Coそよ風	小泉なみ子	同上
50	多摩食事サービスW.Coかりん	古関順子	川崎市多摩区登戸新町70－2フリスホーム102
51	W.Coベル	長谷場和代	相模原市相生3－9－23生活クラブ相模原センター
52	保育W.Coゆめの木ぼっち	平山今紀江	相模原市相生3－9－23生活クラブ生協内
53	W.Co想	伊藤康子	大和市西鶴間6－15－17
54	W.Coケアーびーぐる	菅野待子	大和市下鶴間2047－607
55	W.Coたぶの木	駒形津枝子	大和市福田2029－18
56	W.Coさつき	渡部庸子	綾瀬市深谷1333－7
57	W.Coさち	斉藤公子	厚木市林835－3
58	W.Coきりん	今川美恵子	厚木市旭町2－3－13ケアセンターあさひ内
	ケアセンターあさひ		同上
59	W.Coれーどる	手嶋康子	同上
60	W.Coキャリージョイ	河村尚子	厚木市旭町2－3－13　ケアセンターあさひ内
61	W.Coくれよん	高橋恵美子	厚木市飯山3291
62	ワーカーズコープ愛コープ厚木	生田弘子	厚木市中依知275－3生田様方
63	W.Coあい	三谷裕美子	海老名市上郷474－1海老名市社会福祉協議会内

電話番号	FAX番号	事業内容
0462−33−3523	0462−34−4134	食事サービス
0462−53−5529	0462−53−5529	家事介護サービス
0463−93−7422	0463−93−7422	家事介護サービス
0466−36−2600	0466−36−2600	家事介護サービス
0466−83−2197	0466−83−2197	家事介護サービス
0466−83−4165	0466−83−1769	特別養護老人ホーム
0466−28−9693	0466−28−9693	家事介護サービス
0466−36−8700	0466−36−8700	食事サービス
0466−88−1937	0466−88−1937	家事介護サービス
0463−36−6118	0463−36−6118	家事介護サービス
0467−52−0822	0467−52−0822	家事介護サービス
0467−57−0430		
0467−25−1905	0467−25−1905	家事介護サービス
0467−48−6933	0467−48−3136	家事介護サービス
0467−47−8341	0467−47−9225	食事サービス
0467−23−8495	0467−23−8497	家事介護サービス
0468−76−0236 同上	0468−76−0235 同上	生活リハビリクラブ受託業務.家事介護
0463−72−5018	0463−72−5018	家事介護サービス
0463−73−1372	0463−73−1372	食事サービス
0468−72−9288	0468−72−9288	家事介護サービス
0468−21−5366	0468−21−5367	家事介護サービス
0465−23−8005	0465−23−8005	家事介護サービス

	団体名	代表者名	住所
神奈川県			
64	食事サービスW.Coビビット	大竹敬子	海老名市国分寺台2−10−23国分寺台ケアーセンター内
65	座間たすけあいワーカーズ風	武尾昌子	座間市入谷4−2419−23−406武尾方
66	伊勢原たすけあいW.Coわかば	佐藤光代	伊勢原市板戸771−13
67	W.Co　藤		藤沢市藤沢1102
68	W.Co 実結	斉藤真理子	藤沢市稲荷345ラポール藤沢内
	ラポール藤沢	小川泰子	同上
69	藤沢家事介護W.Coえんじょい	福地昭子	藤沢市鵠沼藤ガ谷3−14−13
70	企業組合W.Co花もめん	酒井圭子	藤沢市辻堂東海岸2−2−19
71	W.Co「ポパイ」	柳沼初津枝	藤沢市大庭5683−7駒寄39−204
72	W.Co笑顔	笹尾清美	平塚市南原1−12−23
73	W.Co一心	深沢恵子	茅ヶ崎市茅ヶ崎233−1
74	ワーカーズコープ愛コープ茅ヶ崎		茅ヶ崎市萩園1192−3 杉村様方
75	たすけあいW.Coグループゆう	岩出はつえ	鎌倉市稲村が崎3−1−17戸田工務店ショウルーム
76	鎌倉家事介護W.Coであい	小川幸子	鎌倉市台5−2−22 福祉クラブ生協内
77	食事サービスW.Coキッチンかまくら	小鍛治佳子	鎌倉市台1−3−7
78	鎌倉デイサービスW.Co「陽だまり」	酒井智子	鎌倉市坂の下27−36　Dayいしだ
79	W.Coのぞみ	畑 その子	三浦郡葉山町一色1743生活リハビリクラブ葉山
	生活リハビリクラブ		同上
80	たすけあいワーカーズ大空	依田千和子	中郡二宮町中里1276依田様方
81	食事サービスW.Coかもめ	片木康子	中郡二宮町百合丘3−31−13加藤康子様方
82	W.Coこだま	山田清美	逗子市桜山6−11−8
83	W.Coサポート横須賀	栗城睦子	横須賀市安浦町1−6−5　NKビル205号
84	家事介護W.Co歩歩（ぽぽ）	檜山智子	小田原市栄町1−5−18オレンジビル2階

「参加型福祉社会を拓く」出版プロジェクト

座長　井上雅喜（生活クラブ生協専務理事）

小川泰子（元生活クラブ生協副理事長・前生活クラブ運動グループ福祉協議会会長、現「ラポール藤沢」施設長）

横田克巳（福祉クラブ生協理事長）

浜田康二（福祉クラブ生協専務理事、生活クラブ運動グループ福祉協議会会長）

大石高久（コミュニティクラブ生協専務理事）

岡田百合子（神奈川ワーカーズ・コレクティブ連合会専務理事）

又木京子（神奈川ネットワーク運動代表）

紫芝嘉員（前コミュニテイクラブ生協、神奈川ネットワーク運動）

事務局　高崎弘子（前）　小沢由佳里（現）

出版編集チーム

紫芝嘉員（編集長）

倉田節子（生活クラブ生協）

関口袈裟夫（生活クラブ生協）

菅原順子（神奈川ワーカーズ・コレクティブ連合会）

岡田寿彦（神奈川ネットワーク運動）

藤田翠（フリーライター）

佐藤葉（フリーライター）

参加型福祉社会を拓く
——介護保険時代、市民はどこまで主役になれるか——

2000年2月25日　第1版第1刷発行

編著者　「参加型福祉社会を拓く」出版プロジェクト
発行人　山下武秀
編　集　渡辺千鶴
デザイン　高橋正樹・星野慎子（MxD）
発行所　有限会社　風土社
〒101-0064　東京都千代田区猿楽町1-2-3
錦華堂ビル2F
書籍編集部　TEL　03-5381-9537
注文センター　TEL　03-5392-3604
FAX　03-5392-3008
印刷所　株式会社　東京印書館

ISBN4-938894-32-7C0036